Aparelhos ideológicos de Estado

Aparelhos ideológicos de Estado

LOUIS ALTHUSSER

NOTA SOBRE OS APARELHOS IDEOLÓGICOS DE ESTADO

Introdução crítica de J. A. Guilhon Albuquerque

Tradução de Walter José Evangelista e
Maria Laura Viveiros de Castro

14ª edição

Paz & Terra
Rio de Janeiro
2022

Traduzido do original em francês *Positions*

1ª edição Graal: 1983
1ª edição Grupo Editorial Record: 2022

Direitos de edição da obra em língua portuguesa no Brasil adquiridos pela EDITORA PAZ E TERRA. Todos os direitos reservados. Nenhuma parte desta obra pode ser apropriada e estocada em sistema de bancos de dados ou processo similar, em qualquer forma ou meio, seja eletrônico, de fotocópia, gravação etc., sem permissão do detentor do copyright.

Editora Paz e Terra Ltda.
Rua Argentina, 171, 3º andar – São Cristóvão
Rio de Janeiro, RJ – 20921-380

Seja um leitor preferencial Record.
Cadastre-se e receba informações sobre
nossos lançamentos e nossas promoções.
www.record.com.br

Atendimento e venda direta ao leitor:
sac@record.com.br

Texto revisado segundo o novo Acordo Ortográfico da Língua Portuguesa.

CIP-BRASIL. CATALOGAÇÃO NA PUBLICAÇÃO
SINDICATO NACIONAL DOS EDITORES DE LIVROS, RJ

A469a	Althusser, Louis, 1918-1990 Aparelhos ideológicos de Estado / Louis Althusser ; tradução de Walter José Evangelista e Maria Laura Viveiros de Castro ; introdução crítica de J. A. Guilhon Albuquerque. – 14. ed. – Rio de Janeiro : Paz e Terra, 2022.
	Tradução de: Positions ISBN 978-65-5548-029-0
	1. Marx, Karl, 1818-1883. O capital. 2. Comunismo. 3. Materialismo dialético. 4. Comunismo e psicanálise. I. Evangelista, Walter José. II. Castro, Maria Laura Viveiros de. III. Albuquerque, J. A. Guilhon. IV. Título.
21-71381	CDD: 146.32 CDU: 141.82

Meri Gleice Rodrigues de Souza – Bibliotecária – CRB-7/6439

Impresso no Brasil
2022

Sumário

INTRODUÇÃO CRÍTICA: Althusser, a ideologia e as
instituições, J. A. Guilhon Albuquerque 7

APARELHOS IDEOLÓGICOS DE ESTADO

Sobre a reprodução das condições de produção 57

A reprodução dos meios de produção 59

Reprodução da força de trabalho 60

Infraestrutura e superestrutura 65

O Estado 67

    Da teoria descritiva à teoria propriamente dita 68

    O essencial da teoria marxista do Estado 71

Os aparelhos ideológicos de Estado 73

Sobre a reprodução das relações de produção 80

Acerca da ideologia 90

A ideologia não tem história 91

A ideologia é uma "representação" da relação imaginária dos
indivíduos com suas condições reais de existência 94

A ideologia interpela os indivíduos enquanto sujeitos 104

Um exemplo: a ideologia religiosa cristã 111

NOTA SOBRE OS APARELHOS IDEOLÓGICOS
DE ESTADO (AIE) 121

INTRODUÇÃO CRÍTICA

Althusser, a ideologia e as instituições

J. A. Guilhon Albuquerque

Estes comentários seguirão passo a passo o texto de Althusser sobre ideologia e aparelhos ideológicos. Esta me parece a forma mais justa de restituir o estatuto de *notas para uma pesquisa* que o próprio autor lhe atribui. Comentando as notas de Althusser com minhas próprias anotações, creio que posso contribuir para a pesquisa do leitor. Alguma coisa se pode esperar desse método: pôr em questão a suposta unidade dogmática da "teoria" dos aparelhos ideológicos, que, com isso, revela-se um conjunto de tateios e sugestões, cuja maior riqueza está em ser trabalhada pelo leitor, e não absorvida e repetida.

Comentário de texto: entretanto, embora renuncie, por isso mesmo, à sua própria unidade, nada impede de desenvolver, mais extensamente, dois pontos fundamentais: uma crítica da teoria funcional das instituições — que influencia o pensamento de Althusser nesse particular — e uma reflexão sobre o mecanismo de sujeição, cerne da teoria da ideologia desenvolvida por Althusser.

Antes de entrar na discussão ponto a ponto, creio que seria oportuno anotar as linhas mestras das propostas de Althusser nesse texto. São quatro tópicos que, segundo minha compreensão da obra, constituem não propriamente as teses do autor — que ele enumera no próprio texto —, mas os pressupostos fundamentais que conferem especificidade à sua concepção das relações entre ideologia e instituições.

a) Não é no campo das ideias que as ideologias existem e, portanto, não é aí que se encontra seu interesse teórico. As ideologias têm existência *material*, e é nessa existência material que devem ser estudadas, não enquanto ideias. O interesse do estudo das ideologias tem por referência a reprodução das relações de produção. Em suma, trata-se de estudar as ideologias como conjunto de práticas materiais necessárias à reprodução das relações de produção.

b) As relações de produção implicam divisão de trabalho, assinação de um *lugar na produção*, lugar que só pode ser aquele para cada ator e que, portanto, deve ser reconhecido como necessário pelos atores em jogo. A questão da ideologia é a questão dos mecanismos ideológicos que têm por efeito o reconhecimento da necessidade da divisão do trabalho e do caráter *natural* do lugar determinado para cada ator social na produção.

c) O mecanismo pelo qual a ideologia leva o agente social a reconhecer *o seu lugar* é o mecanismo da *sujeição*. Sujeição, tal como é entendida por Althusser nesse texto, é um mecanismo com duplo efeito: o agente se reconhece como sujeito e se sujeita a um Sujeito absoluto. Em cada ideologia o lugar do sujeito é ocupado por entidades abstratas — Deus, a Humanidade, o Capital, a Nação etc. —, as quais, embora específicas em cada uma, são perfeitamente equivalentes nos mecanismos da ideologia em geral.

d) Esse mecanismo ideológico básico — a sujeição — não está presente somente nas ideias, mas existe num conjunto de práticas, de rituais situados em um conjunto de instituições concretas. Embora distintas, essas instituições concretas possuem a unidade do efeito de sujeição sobre os agentes sociais ao seu alcance. Sua unidade, entretanto, não lhe é conferida por uma política ou por um comando unificado, mas pela ideologia dominante: são os aparelhos ideológicos de Estado.

1. *Reprodução social.* O texto "Ideologia e aparelhos ideológicos de Estado" não restringe a questão da ideologia à superestrutura, mas se situa no contexto das relações entre infraestrutura e superestrutura, ou seja, na questão da *reprodução social.* O ponto de partida é o pressuposto de que, embora a produção econômica determine a totalidade social, supõe, por sua vez, a reprodução das condições da produção, e essas condições são *sociais* em geral e não exclusivamente econômicas. Em outros termos, as condições da produção econômica, para se reproduzirem, pressupõem, por sua vez, a reprodução de condições econômicas, políticas e ideológicas.

Estamos longe, portanto, da crítica corrente ao determinismo extremado atribuído a Althusser e da suposta separação mecânica entre infraestrutura e superestrutura, entre ideologia e política, que constituem o trivial das críticas ao formalismo althusseriano. O fato de colocar no centro da discussão os efeitos da ideologia sobre as relações entre infra e superestrutura afasta, pelo menos em intenção, o rigor formal das distinções.

2. *Reprodução da força de trabalho.* Sob este título, Althusser se interroga sobre o papel da ideologia na reprodução imediata das

relações de produção e, mais precisamente, das forças produtivas. Todo o raciocínio de Althusser consiste em demonstrar que, na própria reprodução das forças produtivas, existem mecanismos ideológicos em jogo. Em suma, o valor da força de trabalho não é determinado quantitativamente (em número de calorias, por exemplo) mas qualitativamente, como resultado das conquistas históricas dos trabalhadores, e, por outro lado, a *qualificação* da força de trabalho é condição necessária à reprodução de forças produtivas: "O desenvolvimento das *forças produtivas* e o *tipo de unidade* historicamente constitutivo das forças produtivas num dado momento determinam que a força de trabalho deve ser (diversamente) qualificada e então reproduzida como tal." Esse raciocínio é importante, pois é o que vai justificar o papel (ideológico) da Escola na reprodução das forças produtivas.

Entretanto, se o valor das subsistências — e do tempo necessário para produzi-las — que mede o valor da força de trabalho resulta, efetivamente, da luta de classes, e, portanto, depende daquilo que é reconhecido como um pagamento "justo" por uma jornada "justa" e com uma cadência "justa" de trabalho, não deixa de ser *quantitativo*. Diante do capital, a qualidade é imediatamente quantidade. Assim, o trabalho humano, qualitativo, único, sob o capital é encarado como força de trabalho, quantidade que pode ser somada, diminuída, trocada, substituída por equivalente (inclusive, e, sobretudo, em dinheiro).

O que torna possível a divisão do trabalho e, no caso específico, a produção capitalista, é a diversidade qualitativa do *trabalho* humano. É a qualificação do trabalho que se constitui em condição necessária à reprodução das forças produtivas. Se Althusser emprega a expressão contraditória de qualificação da *força de trabalho* é porque *força de trabalho* é constantemente empregada com dupla significação: como elemento material e quantitativo do processo de produção e como "conjunto da classe trabalhadora". É o conjunto da classe trabalhadora que precisa ser diversamente qualificado na Escola (o que resta a discutir).

Se isso é verdade, o papel da ideologia, no caso específico, está em fazer reconhecer a equivalência — necessária à reprodução do capital — entre o trabalho humano qualitativo e a quantidade de força de trabalho empregada no processo de produção. O efeito ideológico está em reconhecer, na diversidade da remuneração (quantitativa) da força de trabalho, um equivalente justo para a diversidade da qualificação do trabalho humano. Este, por ser qualitativo, não é suscetível de mais ou de menos, como diria Aristóteles.

O papel da Escola, como instância que reproduz os mecanismos ideológicos, não estaria — como Althusser parece julgar — em preparar para diversos "empregos" de qualificação diversa, mas em fazer acreditar a tese da identidade entre qualidade e quantidade. Por exemplo: quando a aritmética treina para reconhecer qualidades diversas como "quantidades heterogêneas". Resta saber se, além disso, a qualificação do trabalho, enquanto tal, é efeito principal da Escola, como pretende Althusser.

"[...] esta reprodução da qualificação da força de trabalho tende (trata-se de uma lei tendencial) a dar-se não mais no 'local de trabalho' (a aprendizagem na própria produção), mas, sim, cada vez mais, fora da produção, através do sistema escolar capitalista e de outras instâncias e instituições." Creio que há, aí, novo equívoco. Independentemente das diferenças entre países capitalistas avançados e o Brasil, onde o ensino "técnico" sempre foi totalmente marginal à formação da massa trabalhadora, parece-me que a tendência é inversa.

Em primeiro lugar, a formação "profissional" no ensino convencional está sempre em descompasso com a prática profissional, isto em todos os níveis, de tal forma que o treinamento na empresa é a regra geral. Não bastasse esse descompasso, as empresas estão constantemente reproduzindo-o em escala mais ampla, por meio das constantes alterações de normas e métodos, que têm o efeito paradoxal de superqualificar o trabalhador, de tal modo que o desqualifica para postos equivalentes em outras empresas ou mesmo em outros setores da mesma empresa.

Além disso, o ensino convencional, embora tenda a estender-se, sobretudo nos países mais "avançados", tende a prolongar a chamada formação geral, e não a aumentar ou intensificar a qualificação do trabalho. Em que pese às críticas a tendências "profissionalizantes" do ensino superior no Brasil, trata-se, na verdade, de uma formação geral mais restrita e limitada, e não de um ensino que qualifique para o exercício concreto de profissões: o estudante "profissionalizado", como o técnico de nível médio e como o operário "qualificado", é incapaz de converter seu trabalho em força de trabalho sem um treinamento "na empresa". Apenas, devido à sua formação intelectual mais precária — e menos legítima —, terá menos condições para se opor ao aviltamento de seu trabalho.

A formação dos quadros profissionais de nível superior, mesmo quando feita fora do ensino convencional, segue tendência análoga, pois existe uma insistência crescente na polivalência desses profissionais, de tal modo que possam ser treinados e retreinados em empresas ou setores de empresas diferentes. Tudo leva a crer, portanto, que a Escola forma o trabalhador, mas é a empresa que qualifica o trabalho, e isso num processo em que o trabalho é simultaneamente transformado em força de trabalho.

Formar o trabalhador significa, não propriamente, ou não apenas, qualificar seu trabalho, mas tornar, para o indivíduo, natural e necessária a equivalência entre a qualidade do trabalho e a quantidade da força de trabalho; tornar natural e necessária a venda da força de trabalho, a submissão às normas de produção, à racionalidade da hierarquia na produção etc., etc.

A questão principal — tornada possível pela confusão, que Althusser não resolve, entre trabalho e força de trabalho e entre os dois sentidos da expressão *força de trabalho* (elemento material das forças produtivas e conjunto da classe operária) — é a questão de saber se um mecanismo ideológico pode ter efeitos imediatamente econômicos ou se devemos reservar-lhe uma especificidade analítica. Ou seja, um mecanismo que aumenta o valor da força de trabalho, que tem, portanto, um efeito econômico, por que considerá-lo mecanismo ideológico?

Creio que seria mais útil, do ponto de vista da análise, encarar os mecanismos ideológicos que operam na Escola do ponto de vista de seus efeitos especificamente ideológicos, ou seja, de seus efeitos de *reconhecimento* da naturalidade da divisão do trabalho, da equivalência entre trabalho e força de trabalho, e assim por diante. Isso teria, como contrapartida, o efeito de encarar os mecanismos que resultam na qualificação do trabalho e sua conversão em força de trabalho — quer operem na Escola ou na empresa — do ponto de vista exclusivamente econômico.

Tal distinção analítica teria o mérito de ser fiel à proposta de Althusser de romper a separação mecânica entre as instâncias e entre infra e superestrutura, pois a ideologia — ou, mais precisamente, o efeito ideológico — seria condição da reprodução das relações de produção, sem perder sua especificidade, isto é, sem se confundir com os mecanismos propriamente econômicos.

De resto, a sequência do raciocínio de Althusser vai no sentido proposto anteriormente, pois enuncia exatamente as regras do *savoir-faire* que a Escola transmite aos educandos. E sua formulação mais rigorosa parece-me restituir, ao menos parcialmente, a compreensão da *unidade e especificidade* dos processos de reprodução social:

> [...] diremos que a reprodução da força de trabalho não exige somente uma reprodução de sua qualificação, mas, ao mesmo tempo, uma reprodução de sua submissão às normas da ordem vigente. Isto significa, por parte dos operários, uma reprodução da submissão à ideologia dominante, e, por parte dos agentes da exploração e repressão, uma reprodução da capacidade de perfeito domínio da ideologia dominante [...]

Ou seja, o processo de reprodução da força de trabalho não é exclusivamente econômico, mas social, combinando efeitos de reprodução material, de reprodução da submissão e de reconhecimento da ordem.

3. *Infraestrutura e superestrutura. O Estado.* Nestes dois tópicos concentra-se a contribuição de Althusser à teoria marxista do Estado, que consiste basicamente em compatibilizar as concepções de Engels sobre as instâncias da estrutura e da superestrutura e a teoria do Estado de Gramsci. É aí que encontramos os pressupostos básicos da teoria dos aparelhos ideológicos

de Estado, que se origina no conceito de sociedade civil de Gramsci. O texto foi publicado em 1970, mas sua versão final é datada de 1969, tudo indicando que sua redação remonta, pelo menos, a 1968.

Se não esquecermos que as primeiras intervenções teóricas de Althusser, no início dos anos 1960, em torno da questão do *humanismo* e da autonomia do teórico, são simultaneamente intervenções *políticas* no debate sobre o estalinismo e sobre a autonomia dos *intelectuais*, não podemos deixar de lado o contexto político em que se inscreveu essa tentativa de reelaboração teórica da questão do Estado no marxismo. Ninguém ignora que o ano de 1968 marcou, nos países capitalistas avançados, tanto quanto na França, um duplo desdobramento na luta de classes. Deixando de lado a questão de saber se as lutas sociais, na França e na Itália principalmente, contaram com ampla mobilização da classe operária, não restam dúvidas de que o período se caracterizou por um desdobramento do *front* principal, por um lado, dos operários fabris para a camada de técnicos de nível médio ou até mesmo de nível universitário e, sobretudo, para a massa estudantil; e, por outro lado, da luta econômica nas empresas e sindicatos para a luta política "desorganizada" nas instituições.

Todos conhecem, também, a política dos partidos comunistas europeus no período, sobretudo na França, que consistiu em minimizar, e mesmo em se dessolidarizar do movimento estudantil e em refrear as reivindicações políticas do movimento operário, enquadrando-as em reivindicações salariais.

No caso específico da França, essa política encontrava eco e sustentação nas concepções do Estado e da "superestrutura" vigentes nos setores dominantes do partido e, como é de hábito, na esquerda em geral. Basicamente, a teoria descritiva do Estado no marxismo, à qual alude Althusser, permite sua concepção de dois pontos de vista simultâneos e contraditórios. Como "superestrutura", de acordo com a *metáfora espacial* apontada por Althusser, o Estado estaria imediatamente fixado à infraestrutura econômica, totalmente determinado por ela, daí sua concepção como "comitê diretor" da classe dominante. Na sua interpretação mais vulgar e mais difundida, o Estado seria *instrumento* de dominação de uma classe, e não *lugar* de contradição e de luta de classe. Mas essa mesma ideia de instrumento dá lugar à interpretação simultânea, mas não menos contraditória, de instância *instrumental*, portanto exterior à luta de classe e, em última análise, socialmente neutra.

Essa concepção é extremamente difundida no pensamento marxista e na esquerda em geral, permitindo, ao mesmo tempo, *denunciar* o caráter de classe do Estado e *reivindicar* sua instrumentalização pelas classes subalternas ou, mais precisamente, por seus porta-vozes autorizados. É fácil compreender como essas concepções contaminam o enfoque marxista oficial sobre as instituições da sociedade civil. Assim como a escola leiga fora considerada um dos pilares da França republicana na passagem do século, a Universidade era agora simultaneamente concebida como instrumento da classe dominante, conquista da classe operária e instituição instrumental e exterior à luta de classes. A contestação da Universidade era estigmatizada pelo Partido Comunista Francês (PCF) como anarquismo de inspiração pequeno-burguesa.

A opinião dominante no marxismo oficial fazia valer a ideia iluminista da Universidade como instrumento do progresso da ciência, uma ciência intrinsecamente aliada aos interesses

INTRODUÇÃO CRÍTICA

universais da humanidade e, portanto, acima das classes. Seu mal era ser dominada pelos valores e pelos representantes dos interesses burgueses (nesta ordem), bastando, para retificá-la, substituí-los por valores proletários (ou democráticos avançados) e por representantes das classes subalternas. Não estamos longe das concepções hoje predominantes em setores da esquerda, de que o estatismo autoritário no Brasil prenuncia o socialismo, bastando, para isso, que deixe de ser dominado por interesses contrários aos do povo.

Diante dessa concepção dominante, qual o efeito da crítica de Althusser à teoria descritiva do Estado e de sua contribuição com a noção de aparelhos ideológicos de Estado? Em primeiro lugar, Althusser desloca a questão da instrumentalidade do Estado para a questão de seu *funcionamento*. O caráter do aparelho de Estado e sua posição na luta de classes não estariam no lugar jurídico que ele ocupa na estrutura da sociedade, mas no seu funcionamento, *repressivo* ou *ideológico*. A burocracia, as Forças Armadas, o Judiciário, o governo não seriam repressivos porque se encontram em mãos de uma classe dominante ou de seus representantes, mas porque seu funcionamento é coercitivo, porque são uma máquina de guerra, cujo *produto* é uma relação de subordinação entre classes. A mudança de mãos do aparelho repressivo de Estado não muda em nada o seu caráter.

Fica claro, com isso, que o funcionamento, tanto coercitivo quanto ideológico, do aparelho de Estado não é neutro ou instrumental — não é unidirecional —, mas, sim, contraditório. Nesse sentido, o "aparelho" em questão não deveria ser representado como um *bastão* servindo de alavanca, em que a força empregada de um lado desloca um obstáculo inerte do outro lado, mas como uma *corda* num cabo de guerra, em que a força empregada numa ponta encontra uma resistência proporcional, se não igual, na outra ponta. Em vez de puro instrumento, *lugar* de luta de classes. Com isso, a luta pela conquista do poder de Estado não se extinguiria em sua tomada a partir do exterior com a substituição dos homens ou do partido dominante, pois isso não eliminaria o caráter contraditório do Estado, nem, por isso mesmo, a luta de classes em seu seio.

Em segundo lugar, a herança gramsciana na concepção de Althusser amplia a noção de Estado, e, portanto, de luta de classes, para o conjunto do que Antonio Gramsci chama de sociedade civil. As instituições e, com elas, a cultura, as ciências deixam de ser instrumentos neutros do progresso da humanidade, para tornarem-se lugar de luta de classes pela *direção* da sociedade. A Universidade e a Escola, particularmente, deixam de ser uma conquista da humanidade a ser preservada das querelas pequeno-burguesas, para se tornarem não mais instrumentos de saber, mas máquinas de *sujeição* ideológica. O que as torna instrumentos de subordinação ideológica não são os "valores" da burguesia e os "interesses" de seus representantes, mas seu *funcionamento* ideológico. A Escola continuaria a ser uma máquina de sujeição, ainda que mudasse de mãos e adotasse "valores" ou "interesses" hipoteticamente opostos.

Com isso, Althusser contribui para reconhecer a legitimidade da luta política e *social* no conjunto da sociedade, transbordando os limites da luta sindical e parlamentar, onde o pensamento oficial enredava a luta de classes. A contestação das instituições e de seu caráter intrinsecamente de classe, e não apenas de seus objetivos ou de seus métodos, é encarada como tarefa fundamental para as classes subalternas. A compreensão dos *mecanismos internos* de dominação coercitiva e de sujeição ideológica é colocada como questão fundamental para a luta política, inclusive no que concerne às instituições da sociedade civil e, portanto, também aos sindicatos e partidos políticos, *soi-disant* revolucionários ou não.

A crítica de Althusser à "metáfora espacial" da teoria descritiva do Estado — na verdade uma metáfora de construção civil — e sua tentativa de incorporação das concepções de Gramsci sobre a hegemonia e a sociedade civil não bastam, entretanto, para resolver o problema teórico e político para o qual apontam. Levadas às últimas consequências, elas implicariam uma denúncia mais frontal do caráter do Estado soviético, por um lado, e, por outro, do caráter de aparelho repressivo do PCF e de sua ideologia. Ora, naquele período, Althusser chegara a ocupar um posto no Bureau Político daquele partido e estava longe de uma tática de ruptura ou, pelo menos, de contestação aberta como veio a ocorrer mais recentemente. As soluções teóricas de Althusser apresentam, com isso, no nível da teoria dos aparelhos ideológicos de Estado, as contradições intrínsecas ao compromisso que estabelecia os limites para sua intervenção política.

Vejamos, em resumo, o essencial das teses de Althusser sobre o Estado. A teoria marxista do Estado repousaria sobre a metáfora "espacial" do edifício, com as noções de infra e superestrutura. Para Althusser, essa teoria, por ser metafórica, seria *descritiva*. Toda teoria científica passaria, segundo ele, por essa fase descritiva — pelo menos no domínio das ciências sociais —, o que seria propriamente contraditório, pois (acrescentamos nós) a descrição tem por objeto as aparências concretas, enquanto o objeto da teoria são relações estruturais abstratas. A própria contradição da *teoria descritiva* indicaria, entretanto, por um lado, o *irreversível* começo da teoria e, por outro, a exigência de sua superação em teoria *tout court*.

A teoria descritiva, entretanto, seria *justa*, pois "a definição dada por ela de seu objeto pode perfeitamente corresponder à imensa maioria dos fatos observáveis no domínio que lhe concerne". A prova seriam os fatos *repressivos* que se podem estabelecer como efeito da atuação do aparelho de Estado.

Não obstante, a superação se impõe, pois "a acumulação de fatos à definição do Estado, ainda que multiplique sua ilustração, não faz com que esta definição avance, não permite realmente o avanço da teoria científica do Estado". Assim sendo, "para melhor compreender os mecanismos do Estado em seu funcionamento, é indispensável *acrescentar* algo à definição clássica do Estado como aparelho de Estado".

Aqui, Althusser abre parênteses para precisar que o Estado só tem sentido em função do *poder de Estado*, e que, portanto, é necessário distinguir o poder de Estado do aparelho de Estado. "Toda a luta política de classes gira em torno do Estado. Entendamos: em torno da *posse* [...] do poder de Estado [...]." Althusser ilustra essas distinções com exemplos de que o aparelho de Estado permanece como tal durante acontecimentos políticos que afetam a detenção do poder de Estado. Contudo, esse acréscimo à "teoria marxista" do Estado (aspas de Althusser) já figuraria com todas as letras nos textos de Marx. O que falta acrescentar é, portanto, outra coisa.

Para explicitar esse acréscimo, Althusser faz apelo à sua noção de "conceitos práticos", isto é, à ideia de que, *na prática*, os clássicos do marxismo teriam tratado o Estado como uma

INTRODUÇÃO CRÍTICA

realidade mais complexa, citando nominalmente Gramsci, "ao meu conhecimento, o único que tenha avançado nessa via". É aqui que Althusser inscreve sua tese principal:

> Para fazer avançar a teoria do Estado, é indispensável levar em conta não somente a distinção entre *poder de Estado* e *aparelho de Estado*, mas também outra realidade que se manifesta junto ao aparelho (repressivo) de Estado, mas que não se confunde com ele. Chamaremos esta realidade pelo seu conceito: os *aparelhos ideológicos de Estado*.

Não devemos avançar sem alguns comentários. A principal crítica de Althusser à "teoria marxista" do Estado é por conta do seu caráter metafórico e espacial e, portanto, descritivo. Não obstante, sua solução consiste em *acrescentar uma realidade* (os termos são dele) e não vejo como se poderia fazê-lo senão *completando* a descrição, uma operação que permanece, ela mesma, metafórica e espacial *(acrescentar)*. Trata-se, na verdade, de um verdadeiro enxerto, pois o doador sadio, apesar de morto (Gramsci), fornece um empréstimo heterogêneo em relação ao edifício do Estado de Marx e Engels. De fato, embora mantendo a metáfora da estrutura e da superestrutura, para Gramsci, o Estado não é o último andar de um edifício, de onde a classe dominante exerce o seu poder, mas uma função de classe, uma função contraditória que se desdobra na dupla função de hegemonia (ideologia, sociedade civil) e de ditadura (coerção, sociedade política). Como efetuar esse transplante sem rejeição? Uma primeira objeção que se pode levantar contra a argumentação de Althusser é que o inconveniente da metáfora da infra e da superestrutura não está propriamente em seu caráter metafórico, nem em seu caráter espacial, que não é essencial, mas, sim, em seu emprego *metonímico*. O que é importante nessa teoria, ao menos em seu *emprego teórico*, não são as relações propriamente espaciais, no sentido tópico — em cima-embaixo, dentro-fora — ou no sentido métrico — longe-perto. O que prevalece é a ideia da construção civil: o que se constrói primeiro e o que vem por acréscimo, o que sustenta e o que é sustentado, o que se apoia e o que serve de base. Com isso, entendida como metáfora, a teoria da infra e da superestrutura *reduz* o Estado às relações mecânicas entre a infraestrutura e a superestrutura de uma construção civil.

Isso é proporcionado pela base metonímica dessa metáfora que determina seu emprego teórico. Assim, na concepção de um Jakobson, a metáfora é uma substituição no nível da operação de *seleção*. Podemos dizer que um termo é selecionado para substituir outro, de tal modo que algumas relações significadas nesse termo são substituídas às relações significadas no outro. A operação de seleção determina a *descontinuidade* da metáfora. Por exemplo, a metáfora *funcional* de Gramsci sobre as funções hegemônica e coercitiva do Estado estabelece a descontinui-dade entre, por um lado, as relações entre a sociedade civil e a sociedade política e, por outro, as relações metaforizadas como sendo as que existem nas sociedades concretas. Dentre todas estas, a metáfora das funções *seleciona* aquelas que a teoria aponta como determinantes.

A metonímia, contudo, opera um deslocamento no nível da *combinação*. Deslocando um termo sobre o outro, a operação de combinação estabelece uma *continuidade* entre os termos que é definidora da metonímia. Se a parte toma o lugar do todo, o efeito da causa e o nome substituem a coisa, é porque a combinação supõe a continuidade entre eles. Em vez de *interpretar* as relações teóricas como aquelas selecionadas na metáfora, o uso metonímico da teoria faz falar da imagem como se falasse da coisa e anula qualquer descontinuidade entre o conceito e a realidade. Assim, Althusser pretende acrescentar *uma realidade* à teoria do aparelho de Estado e, sem descontinuidade, afirma que chamará essa realidade pelo seu *conceito*.

O problema não está, portanto, no caráter metafórico da teoria, nem em seu caráter descritivo. Não há contradição entre teoria e descrição, mas, sim, entre descrição enquanto seleção de relações abstratas (teoria) e descrição enquanto inventário exaustivo (contínuo) das aparências concretas. Tanto isso é verdade que, para não romper com a "teoria marxista" do Estado, Althusser se vê forçado a *completar* a descrição com seu acréscimo gramsciano. E, quando se vê forçado a precisar sua contribuição, o que faz é multiplicar as metáforas: "os aparelhos ideológicos de Estado funcionam de maneira maciça e prevalente através da ideologia, mas também secundariamente através da repressão." Primeiro uma metáfora métrica (maciça), em seguida a combinação de metáforas métricas e temporais (prevalente: vale mais, vale antes) e finalmente uma metáfora temporal (secundariamente: vem depois). Se o metafórico equivale ao descritivo e ambos são contraditórios com o teórico, será a multiplicação das metáforas que fará romper os limites da descrição?

A segunda objeção diz respeito à concepção da teoria que a argumentação de Althusser veicula neste caso, afastando-se radicalmente das próprias concepções althusserianas que, manifestamente, não comportam a noção de "teoria descritiva" tal como o autor a admite neste texto. Efetivamente, Althusser constrói seu conceito de teoria a partir das notas de Marx no *Prefácio à Contribuição à Crítica da Economia Política*, em que Marx sublinha a radical descontinuidade entre a totalidade pensada e a totalidade existente no real, e entre o movimento do pensamento e o movimento da realidade.

Para Althusser, portanto, o objeto de uma teoria não é a realidade concebida como coleção exaustiva de fatos, mas objetos *de* pensamento que permanecem na esfera do pensamento. É, como afirma Marx, um produto do cérebro pensante que se apropria do mundo da única maneira que lhe é possível. Dentro dessa concepção, uma definição teórica tem por objeto relações abstratas entre fatos (portanto objetos de pensamento), e não os próprios fatos em si mesmos, o que invalida a justeza que Althusser tenta atribuir ao que chama de "teoria marxista descritiva" do Estado. Segundo ele, essa teoria "é justa, uma vez que a definição dada por ela de seu objeto pode perfeitamente corresponder à imensa maioria dos fatos observáveis no domínio que lhe concerne".

Os deslizes do texto de Althusser neste particular são significativos. Não há qualquer tentativa de demonstração, nem sempre alguma ilustração, mas apenas afirmações categóricas, que, entretanto, não têm o rigor das *teses* filosóficas que o autor frequentemente sublinha e *justifica* em seus textos. A afirmação de que a "imensa maioria dos fatos" corresponde à descrição do Estado segundo a metáfora do edifício não só não "corresponde" à concepção que Althusser tem de teoria, como também não "corresponde à imensa maioria dos fatos" — inventário que, aliás, Althusser não poderia efetuar. Ela só se sustenta em afirmações simbólicas como a que o autor faz a respeito do caráter contraditório da "teoria descritiva": "que a 'teoria descritiva' é, sem dúvida alguma, o irreversível começo da teoria." Com tudo isso, Althusser — que, de fato, abandona a metáfora construtiva do edifício em favor da metáfora funcional de Gramsci — parece apenas estar sublinhando que essa ruptura não significa retrocesso: "Se a 'teoria descritiva' é um começo irreversível, eu não estou voltando atrás, já que é dela que começo."

Esse tipo de enunciado simbólico se repete um pouco mais adiante quando, depois de reconhecer que a "teoria marxista" concebe o Estado como aparelho repressivo, pretende apenas *retificá-la* e não de fato abandoná-la com a retificação que lhe acrescenta a metáfora funcional do aparelho ideológico. Confrontado com a dificuldade de distinguir entre o aparelho de Estado, concebido como instrumento concreto sediado no topo do edifício sociopolítico, e o aparelho ideológico, concebido como *função* disseminada em todo o corpo social, Althusser menciona "uma diferença muito importante, que impede que se confundam os aparelhos ideológicos de Estado com o aparelho (repressivo) de Estado". A essa altura do campeonato, somente uma *interdição* poderia ocorrer para salvar as aparências.

Finalmente, antes de passarmos à teoria funcional dos aparelhos ideológicos, cabe ainda uma objeção. A primeira retificação de Althusser diz respeito à diferença entre Estado e *poder de Estado*. Mais uma vez, trata-se de um acréscimo que se anula, pois, como afirma o autor, ele *já figura* na teoria *com todas as letras*. O objetivo de Althusser parece ser o de abrir uma brecha no topo da superestrutura, para encaixar no Estado os aparelhos ideológicos *ao lado e ao mesmo título* que o aparelho (repressivo) de Estado, sem com isso deixar a estrutura desequilibrada, o que ocorreria se o topo tivesse duas cabeças: aparelhos ideológicos e aparelhos repressivos. Para evitar o dualismo, a solução seria encontrar algo, uma terceira coisa que garantisse a unidade dos dois. Desse modo, o topo do edifício viria a ser o poder de Estado — que não é um instrumento e, portanto, não teria localização espacial concreta — que se exerceria por meio dos dois aparelhos.

Mas não é isso o que faz Althusser, e o transplante é malsucedido. Propondo-se a definir o poder de Estado, Althusser limita-se a distinguir Estado e *detenção do* poder de Estado:

> o Estado (e sua existência em seu aparelho) só tem sentido em função do *poder de Estado*. Toda a luta política de classes gira em torno do Estado. Entendamos: em torno da *posse*, isto é, da tomada e manutenção do poder de Estado por certa classe ou por uma aliança de classes ou frações de classes. Esta primeira observação nos obriga a distinguir entre o poder de Estado [...] e o aparelho de Estado [...]

Essa longa citação deixa claro que Althusser não define *poder de Estado*, nem abre caminho para distingui-lo efetivamente do *aparelho de Estado,* que permanece em sua concepção de instrumento concreto, de topo do edifício social. O poder de Estado nada mais *é* do que a utilização desse aparelho, não existe senão no próprio aparelho de Estado: "o objetivo da luta de classes diz respeito ao poder de Estado e consequentemente à utilização do aparelho de Estado pelas classes [...] que detêm o poder de Estado em função de seus objetivos de classe." Note-se a absoluta equivalência entre "detentoras do poder de Estado" e "detentoras do aparelho de Estado". O que, de fato, insinua uma distinção, no caso, é a *detenção,* metáfora instrumental, que permite distinguir classe de aparelho de Estado. Entretanto, essa distinção não é explorada consequentemente pelo autor, pois levaria à concepção de que as classes existem e lutam pelo poder *fora* do Estado. Ou, mais precisamente, que existe um poder de classe *fora* do aparelho de Estado, já que pode assenhorear-se do mesmo de fora para dentro. A grande questão que se colocaria seria incompatível com a metáfora construtiva instrumental: onde estariam as classes, em que parte do edifício se situaria seu poder, *fora* do topo jurídico-político da superestrutura?

4. *Os aparelhos ideológicos de Estado.* Após acrescentar essa "outra realidade" dos aparelhos ideológicos de Estado, Althusser empreende a parte mais crítica de sua retificação teórica: a distinção entre os aparelhos de Estado. Ele começa lembrando que, na teoria marxista, o aparelho de Estado seria repressivo, o que indica que ele "funciona na base da violência", pelo menos no limite. Em seguida, o que não é de boa técnica teórica, passa a enumerar as instituições que designa como aparelhos ideológicos de Estado. Em que consiste sua diferença? Em primeiro lugar, o ARE seria *único,* enquanto existiria uma *pluralidade* de AIE. Em seguida, enquanto o ARE, unificado, pertence inteiramente ao domínio público, os AIE pertenceriam ao domínio *privado.*

Após desembaraçar-se rapidamente da objeção que se poderia levantar contra aparelhos de Estado que pertencem ao domínio privado, alegando que o Estado está "além do Direito",

Althusser vai "ao essencial": a diferença fundamental entre os dois aparelhos de Estado é o seu funcionamento à base da violência ou da ideologia, diferença que está, de fato, no funcionamento maciço e prevalente ou simplesmente secundário à base da primeira ou da segunda. Essa distinção permitiria compreender o jogo sutil entre o aparelho repressivo e os aparelhos ideológicos de Estado.

Resta a segunda dificuldade que se encontra na multiplicidade das instituições que formam os AIE. Para Althusser, essa multiplicidade não impede sua unidade, que é dada por seu *funcionamento*: a ideologia na qual funcionam é unificada *sob a ideologia dominante*. Aqui cabe nova distinção, não tematizada, mas que transparece nas expressões empregadas por Althusser, pois se é verdade "que por princípio a 'classe dominante' *detém* o poder de Estado [...] e que *dispõe*, portanto, do aparelho (repressivo) de Estado, podemos admitir que a mesma classe dominante *seja ativa* nos aparelhos ideológicos de Estado" (grifos meus).

Essa diferença não tematizada vai se refletir na tautologia com que Althusser tenta dar conta da razão por que os AIE são não apenas *objeto*, mas *lugar* da luta de classes e frequentemente de formas encarniçadas da luta de classes:

> A classe (ou aliança de classes) no poder não dita tão facilmente a lei nos AIE como no aparelho (repressivo) de Estado, não somente porque as antigas classes dominantes podem conservar durante muito tempo fortes posições naqueles, mas porque a resistência das classes exploradas pode encontrar o meio e a ocasião de expressar-se neles [...].

Antes de passar à seção seguinte, onde volta à questão da reprodução das relações de produção, Althusser encerra com uma pergunta surpreendente: "qual é exatamente o papel dos aparelhos ideológicos de Estado?" Ora, o princípio mesmo das distinções introduzidas por Althusser não permite qualquer exatidão, e isso se deve ao compromisso que ele tenta salvaguardar entre a "teoria" marxista do Estado-instrumento e sua metáfora funcional dos aparelhos ideológicos, herdada de Gramsci.

Althusser manifestamente desdobra a definição do Estado, sem abandonar sua concepção instrumental de obra pública: "acrescentamos que o aparelho de Estado compreende dois corpos [...]." Entretanto, enquanto, por um lado, mantém o primeiro como corpo concreto instrumental, unificado em sua materialidade — sua unidade "é garantida por sua organização centralizada unificada sob a direção dos representantes das classes no poder" —, por outro, o segundo é concebido como *função*. Contudo, em vez de defini-lo por sua função, Althusser *enumera* as diferentes instituições que o compõem, voltando, portanto, à concepção instrumental-concreta do primeiro. Os princípios evocados para distingui-los obedecem a critérios instrumentais concretos (setor público/setor privado; unidade de organização e comando/multiplicidade e autonomia), mas a distinção essencial é *funcional*.

Essa distinção funcional, entretanto — à base da violência ou da repressão — parece só *funcionar* para os AIE, pois o ARE mantém sua concretude de instrumento unificado e homogêneo em si mesmo, apesar de todas as reiterações de seu duplo funcionamento "maciço e prevalente ou secundário": a classe dominante *detém* o ARE e dele *dispõe*, enquanto é apenas *ativa* nos AIE.

A primeira dificuldade dessa concepção é, portanto, a de situar-se dentro da perspectiva instrumental concreta que pretende retificar e, em segundo lugar, a de tentar completá-la com uma concepção que lhe é heterogênea, a metáfora funcional. Sendo o funcionamento o princípio fundamental que define os aparelhos de Estado, estes só podem dividir-se em *funções* e não em corpos concretos. Ao contrário, a divisão em corpos concretos é que tem que ser explicada com base em sua determinação pela diversidade de funções — se as funções forem excludentes — ou por sua combinação — se forem complementares.

Na medida em que o funcionamento à base da violência e da ideologia sejam complementares e contraditórios — estejam em relação dialética, como supõe Gramsci —, a unidade de sua combinação será sempre *contraditória*, qualquer que seja o aparelho concreto em que essa combinação se efetue. Ou seja, não há unificação possível, nem nos ARE, nem nos AIE, apenas unidade contraditória das duas funções. Unidade que se concretiza em combinações diferentes para cada instituição concreta. Se isso é verdade, ainda que a função ideológica "prevaleça maciçamente" sobre a outra, não poderemos falar em ideologia unificada que garanta a unidade dos AIE, mas sempre, ao contrário, em equilíbrio instável entre funcionamento ideológico e funcionamento repressivo. Afinal, a centralização do ensino no setor público não transforma as escolas em ARE, assim como também a descentralização dos poderes municipais ou da força pública, ou ainda a criação de polícias privadas, não os torna aparelhos ideológicos.

A função faz o órgão na concepção organicista que inspira, aqui, Althusser e Gramsci. Entretanto, em todo funcionalismo, curiosamente, abandona-se a função pelo órgão, e é este que é estudado, sendo suas determinações o que confere poder explicativo. Ora, se o princípio explicativo é atribuído à função (a "diferença fundamental" está no funcionamento do ARE e dos AIE), trata-se de estudar o *processo* que nele resulta, e a distinção deve ser buscada em seus *efeitos*. Desse modo, a questão dos aparelhos de Estado está em estudar as práticas que se articulam para produzir um efeito repressivo "de Estado" ou um efeito ideológico "de Estado", e não em situar suas *causas* numa certa organização do setor público ou da ideologia dominante.

Por fim, cabe assinalar que a metáfora da construção cobra seu débito tanto à formulação althusseriana quanto à formulação gramsciana da superestrutura. Em ambos os casos, a ausência de uma análise das *práticas* e de seus efeitos "funcionais" faz com que a superestrutura seja a realização de uma *virtualidade ausente*. A virtualidade de ambos os aparelhos se encontra nas classes que detêm um e agem nos outros e lhes são, portanto, exteriores. Nem para Althusser nem para Gramsci se pode dizer que as classes *se constituem* na luta que travam na sociedade civil e na sociedade política. Para o primeiro, "a luta das classes ultrapassa os AIE porque não tem suas raízes na ideologia, mas na infraestrutura, nas relações de produção [...]". Para o segundo, para quem a estrutura só pode ser conhecida *a posteriori*, através de seus efeitos na superestrutura, ela só pode ser o que Freud chamava de "mito científico" — uma hipótese teórica —, e essencialmente uma "revolução intelectual e moral" comandada por concepções de mundo.

Aqui não é o lugar de desenvolver esta questão, mas parece--me que uma justa concepção da reprodução social não poderia tratar a articulação entre as relações de produção e os efeitos de poder (do ARE) e de saber (dos AIE) como resultado dessa virtualidade ausente. Uma tal concepção deveria levar em conta, ao contrário, as práticas de reprodução da existência material, sem cujos efeitos as funções de repressão e de ideologia não se produziriam nem se reproduziriam. Ao lado, portanto, das funções repressiva e ideológica de Estado ou, mais precisamente, das práticas repressivas e ideológicas de Estado, seria preciso considerar, articuladas com elas, a função "econômica" de Estado ou, mais precisamente, as práticas de reprodução material. Todas são "de Estado", não porque sejam centralizadas ou instrumentalizáveis pelas classes dominantes, mas sim porque são *constitutivas* das classes e, portanto, têm por resultado a constituição da sociedade nesse algo mais que confere unidade a uma população e lhe aparece como uma entidade autônoma e exterior. São funções "de Estado" porque são *funções de classe*.

5. *A reprodução das relações de produção*. A primeira resposta de Althusser a esta questão é de que "as relações de produção são, antes de mais nada, reproduzidas pela materialidade do processo de produção e do processo de circulação. Mas não devemos esquecer que as relações ideológicas estão presentes nesses mesmos processos". Em grande parte, todavia, é garantida pelo exercício do poder de Estado nos aparelhos de Estado (repressivo e ideológico). Abramos parênteses imediatamente para notar a mudança de registro. Até agora, acreditávamos que a função ideológica existia apenas na materialidade dos corpos que compõe o Estado, prevalente nuns e secundária noutros. Agora aprendemos que existem também *relações* ideológicas (sem que

se precise o que têm a ver com o *funcionamento* ideológico) e que elas estão também presentes no processo produtivo. Mais adiante, aprendemos que o ARE garante as condições políticas da reprodução das relações de produção "que são, em última instância, *relações de exploração*"; podemos fazer a mesma observação que valeu para as "relações ideológicas" e acrescentar: não seria o caso de abrir espaço para aparelhos "econômicos" de Estado, efeito da articulação entre relações de produção, relações ideológicas e relações políticas, tal como os demais aparelhos de Estado, mas combinadas de outra maneira?

Após lembrar as distinções entre os dois aparelhos de Estado, com pequenas precisões que caberia discutir, mas não alteram a economia destes comentários, Althusser afirma que existe uma espécie de "divisão do trabalho" na reprodução social. O papel do ARE consistiria essencialmente em proporcionar as condições políticas da reprodução das relações de produção; ele contribuiria, também, para se reproduzir e para garantir, através da repressão, as condições de exercício dos aparelhos ideológicos. Estes, por sua vez, "garantem, em grande parte, a reprodução mesma das relações de produção, sob o 'escudo' do aparelho repressivo de Estado". Além disso, é por intermédio da ideologia dominante que se garante a harmonia entre os ARE e os AIE e dos AIE entre si.

Antes de prosseguir, notemos mais uma vez a incrível flutuação da terminologia e dos conceitos, que denota o compromisso teórico insustentável que Althusser tenta manter. Já não basta que a retificação da "teoria marxista" do Estado acrescente, a um aparelho definido por sua instrumentalidade e unidade, um outro definido apenas por seu funcionamento, e a eles oponha, sem mais, "relações" de produção (temos, então, um estranho híbrido formado de um órgão, uma função e um conjunto de relações). Ora são as *relações* ideológicas que estão presentes nos processos de produção e circulação, ora é o *aparelho* repressivo que garante as condições políticas da reprodução e serve de "escudo" para a atuação dos AIE, ora é a *ideologia* que garante a harmonia entre aparelhos. Pode-se argumentar que a parte final do ensaio, sobre a ideologia, vem esclarecer algumas dessas imprecisões; entretanto, até lá ficamos sem saber o que determina as condições da reprodução social, se o aparelho ideológico, as relações ideológicas ou a ideologia, que aparecem no texto como categorias bem diferentes (aparelho ideológico é uma instituição concreta, ideologia é o princípio unificador — e de funcionamento — dos aparelhos ideológicos, e relações ideológicas parecem não ser uma coisa nem outra).

Após essas primeiras considerações, Althusser começa a justificar sua hipótese principal sobre o papel dos AIE na reprodução social, hipótese que ele em seguida chamará de *tese*. A tese — pois de fato se trata de tese — se divide em três: ao contrário do aparelho repressivo de Estado, que é único e formalmente idêntico desde os primeiros Estados conhecidos da Antiguidade, a multiplicidade dos aparelhos ideológicos é crescente e tende a diversificar-se por especificação; dentro dessa multiplicidade, existe, em cada época, um aparelho ideológico de Estado dominante; o aparelho ideológico dominante nas formações capitalistas maduras é o aparelho ideológico escolar.

Por que o AIE escolar é dominante e como funciona? Althusser resume rapidamente seus argumentos antes de passar para a discussão da ideologia:

1) Todos os aparelhos ideológicos de Estado concorrem para o mesmo fim: a reprodução das relações de produção, isto é, das relações de exploração capitalista.

2) Cada um deles concorre para esse resultado de uma maneira que lhe é própria, isto é, submetendo (sujeitando) os indivíduos a uma ideologia.

3) Esse concerto é dominado por uma partitura única, a ideologia da classe dominante.

4) O papel dominante cabe à Escola, ainda que sua música seja silenciosa. Ela recebe as crianças de todas as classes em sua idade mais "vulnerável", inculcando-lhe saberes práticos envolvidos na ideologia dominante (linguagem, cálculo, ciência etc.) e mesmo a ideologia dominante em estado puro (moral, civismo, filosofia). Em algum momento, no início do secundário (Althusser fala da França), uma enorme massa cai "na produção": os operários e camponeses. Outra parte continua aos tropeços para finalmente cair nos empregos médios de "pequeno-burgueses" de todos os calibres. Uma terceira parte atinge o cume para cair num semiemprego intelectual ou para fornecer, além dos "intelectuais do trabalhador coletivo", os agentes da exploração, da repressão e da ideologia. Cada massa que "cai" do AIE escolar está praticamente provida da ideologia que convém a seu papel na sociedade de classes. Grande parte dessa ideologia se aprende fora da escola, mas "nenhum aparelho ideológico de Estado dispõe durante tantos anos da audiência obrigatória [...], cinco a seis dias em cada sete, numa média de oito horas por dia, da totalidade das crianças da formação social capitalista".

Após pedir perdão ao mestre-escola e reconhecer seus heroísmos, Althusser termina considerando o sentido político da crise escolar nos países capitalistas, devido ao fato de a Escola constituir o AIE dominante e desempenhar papel determinante na reprodução das relações de produção.

Percebe-se, nesse final, o exato alcance político das teses de Althusser sobre os aparelhos ideológicos. Ele está intervindo em um debate onde o *sentido político* de uma crise institucional só se justifica se se tratar de uma instituição *dominante* e se seu papel for *determinante* na reprodução das relações de produção. E, evidentemente, se essa instituição merecer o epíteto "de Estado". Com isso, vincula-se a crise duplamente à política na concepção com a qual Althusser dialoga — o "marxismo" oficial —, por ter a ver com o Estado e com a luta econômica. Pois, nessa versão, a luta de classes se "enraíza" na produção e tem por objeto o Estado, e é isso que explica o enorme esforço de Althusser para demonstrar que as instituições são palco da luta de classes (palco *e objeto*), mesmo que, às vezes, seja omitido que o Estado também é *palco*, além de objeto da luta de classes.

Essa percepção do alcance político da intervenção teórica de Althusser permite deixar de lado inúmeras imprecisões do autor, que inclui na categoria dos aparelhos ideológicos, indistintamente, os Parlamentos, os partidos, sistemas políticos e até mesmo regimes — em suma, essa "organização da dominação política" de uma classe que Marx chama com todas as letras de Estado —, e mais as corporações, que eram sistemas de organização da produção! O que cabe discutir é se aquele compromisso, com a contradição que envolve, permite avançar a discussão no sentido de romper com a concepção mecanicista que se pretende superar.

Ora, o enxerto funcional de Althusser no órgão concreto e armado do Estado da "teoria descritiva" é facilmente absorvido, o que resulta num reforço da reificação do conceito de Estado. Como não está em jogo uma análise dos processos ideológicos e de seus efeitos, mas uma reflexão sobre os órgãos e sua evolução, Althusser acaba em uma espécie de história natural dos aparelhos ideológicos, em que eles se sucedem por ordem de especificidade e complexidade crescente, e que nada deixa a dever à mudança social na versão parsoniana. Uma frase como "[...] na Idade Média, a Igreja (aparelho ideológico de Estado religioso) acumulava numerosas funções hoje distribuídas entre os diversos aparelhos ideológicos de Estado [...]" poderia ser perfeitamente assinada pelo falecido mestre do estrutural-funcionalismo.

Note-se que, em todos os casos, a teoria nada mais faz do que postular a função de Estado para cada uma das instituições enumeradas, em nada contribuindo para esclarecer seu modo específico de atuação na reprodução social. Por isso a Igreja é chamada de "aparelho ideológico de Estado religioso", embora se lhe atribua a acumulação de várias funções ideológicas além da religiosa, e sem esclarecer as relações entre elas.

Essa primazia do órgão sobre a função, isto é, sobre a análise do processo ideológico e de seus efeitos, fica ainda mais evidente quando consideramos os argumentos de Althusser para conferir o papel dominante ao aparelho escolar. Segundo ele, no primeiro ponto de sua argumentação, todos os aparelhos ideológicos "concorrem para o mesmo fim: a reprodução das relações de produção, isto é, das relações de exploração capitalistas". Sem discutirmos a imprecisão do argumento — já que "concorrer para" é demasiado vago e, definitivamente, todos os aparelhos, tanto os órgãos centrais do Estado, como, evidentemente, a totalidade do sistema econômico capitalista, "concorrem para" sua reprodução —, a precisão que vem depois torna inútil ou contradiz essa afirmação. De fato Althusser diz, do processo de seleção escolar, que ele provê cada massa que entorna do aparelho escolar com "a ideologia que convém" ao seu papel na sociedade de classes. Ora, o que o aparelho de Estado concorre para reproduzir é "a ideologia que convém" às relações de produção ou, mais precisamente, às relações de exploração capitalista, e não as relações de exploração propriamente ditas.

Tudo isso porque o compromisso político de Althusser — não romper com a estratégia oficial, mas ampliá-la — faz com que seu compromisso teórico consista em acrescentar, por via da teoria funcional dos aparelhos de Estado, uma nova relação de órgãos ao rol imobiliário da "teoria marxista" oficial, deixando de lado a análise dos processos políticos, econômicos e ideológicos que tecem a trama da luta de classes, ou seja, da constituição da sociedade ou, se quiserem, da reprodução social. Se assim não fosse, Althusser não esqueceria as lições de Marx e Engels de que a base do Estado é a sociedade e que, portanto, a diferenciação de órgãos — a autonomização do Estado como corpo "estranho" à sociedade — não é o que determina os processos sociais, mas, ao contrário, é o que deles resulta. Assim sendo, não é a diferenciação entre os órgãos que cria novas funções (a Igreja dando lugar à escola e aos hospitais; a corporação dando lugar às manufaturas e aos sindicatos). Ao contrário, são as rearticulações entre processos políticos, econômicos e ideológicos que traçam novas fronteiras, atribuindo nova unidade aos órgãos antigos e criando novas unidades que são reconhecidas como novos órgãos.

As "funções" — para usar esse termo que a sociologia de esquerda proscreveu e ao qual a filosofia francesa parece dar novo ânimo —, sejam ideológicas, repressivas ou *econômicas*, estão obviamente presentes, tanto nos órgãos centrais do Estado, como nos órgãos dispersos da sociedade civil, *como também* nos órgãos competitivos ou oligopolizados da "infraestrutura" econômica. Não é, portanto, sua simples presença que determina as funções de Estado desses aparelhos, como bem o pressente Althusser. É a *articulação* desses três tipos de processo que determina a especificidade das instituições concretas — ou aparelhos — com seus efeitos globais de reprodução da ordem política, da ordem econômica ou da sujeição ideológica. E a determinação dessa articulação — sempre específica — não pode ser resolvida com frases vagas do tipo "de maneira maciça e prevalente", mesmo porque a prevalência de um ou outro efeito é frequentemente precária ou, pelo menos, instável. Tal determinação só pode ser o resultado de uma análise concreta que verifique o modo particular como, em cada instituição — seja ela órgão central de Estado ou aparelho da sociedade civil ou empresa —, aqueles processos se contradizem, se subordinam ou se reforçam.

Impossibilitado de levar até o fim uma versão não organicista da metáfora funcional que ele acrescenta à metáfora imobiliária do Estado, Althusser é levado a construir uma teoria dos aparelhos ideológicos que, como veremos adiante, contradiz em grande parte sua teoria da ideologia. Esta, como já observamos, não poderia existir fora das práticas materiais que a reproduzem, nem fora, portanto, das instituições concretas em que se reproduz. A tese da "unidade" dos aparelhos ideológicos de Estado e da sua unificação por meio da "ideologia dominante" é inteiramente contraditória com essa concepção. Se em cada aparelho ideológico se reproduz uma ideologia específica daquele aparelho que é efeito, inclusive, do equilíbrio resultante da luta de classes nesses aparelhos, de onde vem a "ideologia dominante"? De algum dos aparelhos não pode ser, pois, além de específicos, todos eles são cimentados justamente pela ideologia dominante, que só poderia vir de fora. O próprio aparelho dominante, para Althusser, a Escola, recebe dele a missão de inculcar a ideologia dominante, mas, sem dúvida, não a de *produzi-la*. Situar sua origem no aparelho repressivo de Estado seria um contrassenso. Só resta apelar para suas "raízes na produção". Entretanto, restaria explicar como se produz e reproduz a ideologia em relações (de produção) que se situam fora dos aparelhos ideológicos, o que derrubaria todo o edifício da diversidade e especificidade dos órgãos em que se baseia toda a teoria.

Na verdade, a teoria da ideologia de Althusser é incompatível com sua teoria do Estado e, particularmente, com sua tese da ideologia dominante. Existindo apenas em práticas materiais que a produzem e reproduzem constantemente, práticas inscritas em instituições concretas, ou aparelhos transpassados pela luta de classes, a ideologia, para o Althusser da segunda parte, não forma nem pode formar uma unidade, mas sim um conjunto parcelar e contraditório. Que poderia, entretanto, ser unificado, ao menos no plano ideológico, isto é, do pensamento. E a prova melhor dessa unificação são as doutrinas religiosas, as disciplinas científicas etc. Entretanto, não só essa unificação — que, abstratamente falando, poderia resultar numa ideologia "dominante" — *pressupõe* a existência dos "aparelhos ideológicos" e das ideologias específicas que reproduzem (não podendo, portanto, ser obra da "ideologia dominante"), mas também só pode ser o efeito — como toda unificação *de fato*, isto é, na prática — de processos ideológicos e não ideológicos, onde a contribuição dos "aparelhos repressivos de Estado" deve ser cuidadosamente avaliada; para citarmos um só exemplo: qual o papel dos órgãos de repressão na dominância que a ideologia da segurança conquistou entre a elite dirigente brasileira?

Em suma, a teoria da ideologia de Althusser não comporta a existência de uma ideologia una e que seja dominante no sentido de determinar a unificação dos aparelhos ideológicos. A unidade da ideologia seria a unidade de um processo de unificação, constantemente retomado nos aparelhos ideológicos e fora deles (já que os aparelhos não ideológicos funcionam também "à base da ideologia"), e, por conseguinte, a dominância de uma ideologia só poderia ser um momento de equilíbrio.

6. *Sobre a ideologia.* O objeto de Althusser nesta parte é análogo ao da primeira, isto é, a retificação da teoria marxista oficial sobre a ideologia. Aqui, entretanto, a situação é paradoxalmente mais fácil, pois, embora exista um esboço de teoria da ideologia tanto em Marx quanto em Lênin, ao contrário das observações esparsas e fórmulas simplificadas concernentes ao Estado, seu impacto sobre as estratégias partidárias é muito menos visível. Em todo caso, afora a máxima comum de que é o "ser social que determina a consciência", as formulações mais precisas sobre a ideologia no marxismo variam enormemente, do empiricismo

mecanicista e psicofísico de Engels e Lênin às formulações idealistas e quase fenomenologistas da consciência verdadeira em Lukács.

Aqui, portanto, depois de já ter procedido — em *Lênin e a filosofia* — a uma leitura crítica convincente que resgata as fórmulas leninistas de seu simplismo empirista, Althusser vai direto ao ponto: a teoria de Marx sobre a ideologia não é marxista! Com isso, sua argumentação conquista o direito a uma formulação mais livre de denegações e enxertos *ad hoc*, que lhe permite escapar ao compromisso capenga com a teoria do edifício estatal. Afinal, não lhe era permissível dizer simplesmente que a teoria do Estado de Lênin não é marxista!

De qualquer modo, Althusser começa afirmando que a teoria da ideologia formulada em *A ideologia alemã* não é marxista, pois é encarada como uma justaposição "imaginária, um puro sonho, vazio e vão, constituído pelos 'restos diurnos' da única realidade plena e positiva, a da história concreta dos indivíduos concretos, materiais, que produzem materialmente sua própria existência". Portanto, trata-se de uma formulação positivista. Por outro lado, as indicações de *O capital*, já obra de maturidade, não contêm uma teoria das ideologias, "que depende, em grande parte, de uma teoria da ideologia em geral".

Ora, o projeto de Althusser é constituir uma teoria da ideologia em geral, já que as ideologias particulares exprimem *posições de classe* (grifos seus) e, portanto, possuem uma história cuja determinação em última instância se encontra *fora* da ideologia (nas relações de produção). Por sua vez, *a ideologia em geral*, retomando a fórmula de Marx e Engels, *não tem história*.

Note-se que, em torno dessa fórmula, Althusser reviu frequentemente sua posição antes de precisá-la melhor neste texto. Aqui ele frisa que não a toma no sentido expresso em *A ideologia alemã*. No livro, a tese seria puramente negativa, pois exprime, por um lado, que a ideologia é puro sonho determinado pela alienação da divisão do trabalho — o que é uma determinação negativa — e, por outro, que a ideologia não tem história própria, mas reflete a história real.

Sua tese, ao contrário, é positiva, pois indica que a ideologia em geral é omni-histórica, já que sua estrutura e seu funcionamento estariam presentes em toda história, isto é, na história de todas as sociedades de classes. Sua referência é clara e Althusser a explicita: a ideologia não tem história, no mesmo sentido em que o inconsciente, para Freud, é eterno.

Althusser formula, então, sua Tese I: *A ideologia representa a relação imaginária dos indivíduos com suas condições reais de existência.* A fórmula tem que ser entendida em todo o seu rigor, pois se trata das relações imaginárias *dos* indivíduos *com* suas condições de existência, e não da representação imaginária dos indivíduos *sobre* suas condições de existência. Isto é, Althusser critica a ideia de que a ideologia seja uma representação imaginária do mundo, invertida, deformada e de que baste interpretar tal inversão e deformação para resgatar o seu conteúdo verdadeiro. Para Althusser, o objeto da ideologia não é o "mundo", mas a relação do "sujeito" com o mundo ou, mais precisamente, com suas condições reais de existência.

As teorias interpretativas da deformação ideológica deixam a descoberto a questão das razões dessa deformação. As respostas variaram, e a que Marx retoma em *A ideologia alemã* seria a de

Feuerbach: a causa da ilusão ideológica seria a alienação material que reina nessas condições de existência. Para Althusser, é "a *natureza imaginária* dessa relação" entre os homens e suas condições de existência que dá suporte a toda e qualquer deformação imaginária da ideologia — quando essa relação não é vivida "na sua verdade".

Mais precisamente, "toda ideologia representa, na sua deformação necessariamente imaginária, não as relações de produção existentes (e as outras relações que delas derivam), mas, antes de mais nada, a relação (imaginária) dos indivíduos com as relações de produção [...]".

Cabem aqui duas observações preliminares: a primeira, que Althusser ainda não se liberou inteiramente — apesar da introdução da noção de imaginário e de sua alusão à psicanálise e especialmente a Lacan — da identificação entre ideologia e deformação (toda deformação tem um conteúdo *verdadeiro* sob a *forma* falsa), nem da oposição ideologia-verdade que lhe é correlativa. A segunda, que não é independente da primeira, abre caminho para um empirismo que certamente é contraditório com o restante do pensamento de Althusser. Substituindo, "para falar uma linguagem marxista", os termos *mundo* e *condições de existência*, que têm referente empírico, pela expressão "relações de produção", que é um termo teórico e, portanto, designa relações abstratas, Althusser reifica essas relações e parece definir o caráter imaginário da ideologia por sua abstração: o indivíduo existe, assim como as relações de produção (são reais e verdadeiros); logo, a relação entre eles é "imaginária" por oposição a realidades preexistentes (a relação é imaginária e falsa).

INTRODUÇÃO CRÍTICA

Ora, como as relações de produção não são coisas exteriores aos indivíduos — rigorosamente falando, o *indivíduo* é produto das relações sociais —, mas relações entre os *homens*, ou as relações ideológicas (imaginárias) são parte dessas relações sociais ou não têm sentido. Tanto isso é verdade que Althusser, no parágrafo seguinte, propõe deslocar a questão da "causa" da deformação ideológica para esta outra: "por que a representação dos indivíduos de sua relação (individual) com as relações sociais [...] é necessariamente imaginária?" Ele pressupõe, embora negue a tese da "clique" que deformaria voluntariamente as ideias para impô-las aos indivíduos, que a ideologia é *dada aos indivíduos* em uma relação e, portanto, como veremos adiante, nas relações sociais.

A segunda tese de Althusser é a seguinte: *A ideologia tem uma existência material.* Ele não a justifica, apenas reivindica um preconceito favorável em nome do materialismo. E a explicita melhor: "uma ideologia existe sempre em um aparelho e em sua prática ou práticas. Esta existência é material." Essa existência material deve ser entendida no sentido aristotélico, em que "a matéria se diz de vários modos". Feita essa ressalva, Althusser retoma sua fórmula em novos termos: ideologia enquanto relação imaginária para com relações reais (relações de produção e de classe). E acrescenta: essa relação imaginária é dotada de existência material.

As coisas ficam agora mais claras, não porque a fórmula seja mais justa — não é —, mas porque as precisões que acrescenta — que as relações reais são as relações de produção e de classe e que as relações imaginárias são dotadas de existência material — aguçam de tal modo as contradições da fórmula que forçam a esclarecê-la. A fórmula é pior, porque agora ele opõe relações ideológicas a relações reais e, como aquelas são *materialmente existentes*, sua irrealidade só pode estar na falsidade, retomando a questão da falsa consciência que Althusser pretende superar. Entretanto, a definição das relações *reais* (relações de produção e de classe) permite uma interpretação mais satisfatória. Manifestamente a ideologia é agora admitida como existente entre as relações sociais, só que, diferentemente das relações de produção (aqui excluindo as relações de classe e, portanto, entendidas como relações *econômicas*) e das relações de classe (aqui, pelas mesmas razões, entendidas como relações políticas), não põe em relação os homens entre si e com a natureza, mas sim suas *representações* das relações dos homens entre si e com a natureza. Em suma, o que Althusser parece querer dizer é que a ideologia não é um ato de pensamento solitário do "indivíduo", mas uma relação social que tem por objeto representações; e, além disso, que o objeto da representação não é a materialidade dos homens e da natureza, mas sim as relações sociais "reais", isto é, as relações práticas que põem em relação os homens entre si e com a natureza.

Ou seja: relações imaginárias para com relações reais, porque, primeiro, são relações sociais e não ideias existentes em si; e, segundo, são imaginárias porque são *representações* das relações materiais entre os homens. Tanto isso é verdade que, após exemplificar, no ritual cristão, a existência material da ideologia, existência que não se enraíza na solidão da consciência do "indivíduo", mas em práticas sociais, Althusser vai precisar essa tese da existência material da ideologia afirmando que a ideologia só existe em práticas sociais inscritas em instituições concretas: "nós falaremos de atos inscritos em *práticas*. E observaremos que estas práticas são reguladas por *rituais* nos quais tais práticas se inscrevem, no seio da *existência material de um aparelho ideológico* [...]."

Assim, em cada indivíduo concreto, essa ideologia é material, "pois *suas ideias são seus atos materiais inseridos em práticas materiais, reguladas por rituais materiais, eles mesmos definidos, por sua vez, pelo aparelho ideológico material de onde provêm as ideias do dito sujeito*" (grifo meu).

Essa reformulação da concepção tradicional da defasagem entre as ideias e os atos permite a Althusser formular suas duas teses principais:

1) *Não existe prática senão através de e sob uma ideologia.*
2) *Não existe ideologia senão através do sujeito e para sujeitos.*

São essas teses que permitem enunciar a teoria da interpelação do sujeito, que é a contribuição original de Althusser à teoria da ideologia.

7. *A ideologia interpela os indivíduos como sujeitos.* A tese da interpelação do sujeito é uma explicitação da última tese acima: a ideologia existe para sujeitos concretos, o que só é possível através do sujeito, isto é, da *categoria de sujeito*, e do modo de funcionamento dessa categoria. Segundo Althusser, embora a categoria de sujeito seja uma categoria filosófica e política recente, ela pode funcionar como tal no pensamento antigo e é constitutiva de toda ideologia em toda a história — o que significa que "*toda ideologia tem por função (é o que a define) 'constituir' indivíduos concretos em sujeitos*".

O que significaria esse "constituir" como sujeito, entre aspas? Após sublinhar o fato de que em todo ato concreto da vida, mesmo na leitura de seu texto, ele e o leitor agem como sujeitos, Althusser formula o que poderíamos chamar de "efeito de sujeito", que responde a essa questão: "a evidência de que vocês e eu somos sujeitos — e até aí não há problema — é um efeito ideológico, o efeito ideológico elementar." A própria evidência do efeito de sujeito seria própria da ideologia, fazer com que não se possa deixar de *reconhecer* alguma coisa. E a função ideológica inversa e complementar seria o *desconhecimento*.

A "constituição" do sujeito não é, entretanto, um processo histórico ou um processo datado na vida de um indivíduo, somos *sempre-já* sujeitos, isto é, a categoria do sujeito preexiste a cada indivíduo concreto e é uma condição de sua existência social. A consciência de ser sujeito é o *reconhecimento* da posição do indivíduo — como sujeito — nas relações sociais, com todos os *desconhecimentos* que esse reconhecimento implica.

Uma teoria da ideologia em geral, nesse caso, é a tentativa de, "falando da ideologia no seio da ideologia (entendamos: da ideologia do sujeito, acrescento eu), esboçar um discurso que tente romper com a ideologia, pretendendo ser o início de um discurso científico (sem sujeito) acerca da ideologia".

Primeiro passo: "*toda ideologia interpela os indivíduos concretos enquanto sujeitos concretos*, através do funcionamento da categoria de sujeito." Essa interpelação se entende no sentido bastante concreto em que se é chamado na rua e se *reconhece* que "sou eu mesmo". É nesse sentido que a ideologia se dirige a sujeitos, que reconhecem que é a eles mesmos que ela se dirige. Em termos mais gerais, os indivíduos já são sempre sujeitos, isto é, estão sempre participando de um sistema de referências no qual já ocupam sempre o lugar de sujeito. Nesse sentido, o indivíduo é abstrato com relação ao sujeito que ele já é sempre, isto é, o indivíduo é apenas a unidade abstrata que ocupa a posição — esta concreta — do sujeito, assim como o nascituro é abstrato com relação à posição que o sujeito já ocupa na linhagem familiar concreta e no imaginário dos futuros pais.

É na análise da ideologia cristã que Althusser vai precisar melhor os mecanismos da interpelação do sujeito e seu funcionamento como categoria imaginária. Nessa análise, Althusser demonstra que a mobilização dos sujeitos de fé só é possível com a condição de existência de um *Outro Sujeito* Único, Absoluto: Deus. Este se define como Sujeito por excelência e, seus interlocutores, como seus reflexos: um necessita do outro para existir como sujeito. Assim, a estrutura da interpelação dos sujeitos é especular, pois supõe a existência de um sujeito que, ao mesmo tempo que *sujeita*, é a *garantia* de que os interlocutores são sujeitos.

Essa estrutura teria, assim, quatro efeitos imediatos: a) a interpelação como sujeito; b) a sujeição ao Sujeito; c) o reconhecimento mútuo e o autorreconhecimento dos sujeitos no Sujeito; e d) a *garantia* de que o reconhecimento da própria subjetividade é verdadeiro.

Com isso, os sujeitos "funcionam sozinhos" e fica legitimada a punição dos "maus sujeitos", isto é, os bons sujeitos funcionam à base da ideologia: "Eles se inserem nas práticas governadas pelos rituais dos AIE." Todo o mistério do funcionamento ideológico está, portanto, na ambiguidade da categoria de sujeito: "o indivíduo *é interpelado como sujeito (livre) para que se submeta livremente às ordens do Sujeito, para que aceite (livremente) sua sujeição*, e, portanto, para que ele 'realize por si mesmo' os gestos e atos de sua sujeição. *Os sujeitos se constituem pela sua sujeição.*"

A rigor, a contribuição de Althusser para uma teoria da ideologia deveria ter sido exposta no princípio, pois se tornaria mais fácil provar que ela não deve nada à "teoria marxista" oficial do Estado, nem mesmo à teoria althusseriana dos aparelhos ideológicos de Estado, sem deixar de ser, no entanto, *materialista* (dada a tese da existência material da ideologia) e *dialética* (na medida em que é encarada como um processo contraditório). Althusser, contudo, colocou-a no fim e fê-la preceder um *post scriptum* que remete à primeira parte, fechando, com reiterações das teses marxistas oficiais, o parêntese realmente original que abrira.

Esse *post scriptum* padece das mesmas dificuldades que a parte inicial, sendo igualmente incompatível com a teoria esboçada sobre a ideologia. Ele consiste em duas salvaguardas, precedidas da advertência de que suas teses são esquemáticas e abstratas no que se refere ao funcionamento da superestrutura e de seu modo de intervenção na infraestrutura. A primeira consiste em fazer uma analogia com a produção e a realização da mais-valia e afirma que os AIE apenas *contribuem* para a reprodução das relações de produção, mas a reprodução só se realiza no processo de produção e de circulação.

Essa salvaguarda, aparentemente, responderia a nossa observação de que a articulação dos mecanismos de reprodução ideológica com os mecanismos de reprodução *material* permaneceria abstrata na concepção de Althusser, na fórmula de que as "relações ideológicas" participam da reprodução das relações de produção. Entretanto, a nota de Althusser não a torna mais concreta, pois o que ele opõe à *abstração* dela é a fórmula igualmente abstrata de que o processo de reprodução social, no seu conjunto, "permanece abstrato até que adotemos o ponto de vista desta luta de classes". Parece mais uma salvaguarda contra qualquer acusação de que suas formulações esquecem que a *base* é econômica e de que o princípio explicativo fundamental é a *luta de classes*.

A segunda salvaguarda completa a primeira, trazendo à baila justamente o caráter de classe *das* ideologias. Consiste em admitir o caráter abstrato da teoria *da* ideologia *em geral*. As ideologias concretas se *realizam* (ainda a analogia com a mais-valia) em aparelhos de Estado, que "só têm sentido do ponto de vista da luta de classes, enquanto aparelho da luta de classes, mantenedor da opressão de classe e das condições da exploração e de sua reprodução. Mas não há luta de classes sem classes antagônicas". Com isso, Althusser chega a inverter a fórmula conhecida de Marx e Engels de que não existem classes sem luta de classes. Assim, também, Althusser reitera sua concepção — superada na parte final — de uma ideologia preexistente aos aparelhos (como as classes ao processo de luta de classes), pois a ideologia da classe dominante se torna dominante por meio do "estabelecimento dos AIE, onde esta ideologia é realizada e se realiza [...]". Dada a analogia tantas vezes repetida, não se pode deixar de pensar na mais-valia, que se *realiza* no processo de circulação, mas se produz noutra esfera e, portanto, já existe materialmente, embora não como valor monetário. E Althusser o explicita com todas as letras: "Certamente a ideologia que uma classe no poder torna dominante em seus AIE se 'realiza' nestes AIE, mas ela os ultrapassa, pois não se origina neles."

Pode-se pensar que esse outro lugar seja a produção. Althusser não o diz claramente, mas adiante precisa: "as ideologias não 'nascem' dos AIE, mas das classes sociais em luta: de suas condições de existência, de suas práticas, de suas experiências de luta etc."

Seria fastidioso comentar, separadamente, cada uma dessas afirmações e mostrar como são incompatíveis com a teoria esboçada pelo próprio autor. Vamos ao essencial: tanto aqui, como em sua formulação do efeito ideológico elementar — o que chamei de "efeito de sujeito" —, como de resto em toda sua teoria *organicista* dos aparelhos ideológicos, Althusser se debate com o próprio mecanismo ideológico fundamental que sua teoria revela, o efeito de sujeito.

Explico melhor: abstratamente falando, os termos de uma relação qualquer preexistem a essa relação. Concretamente, contudo, não preexistem *como termos dessa relação* que institui dois objetos quaisquer (materialmente existentes ou imaginados) como *termos* dessa relação. Assim, por exemplo, dois setores de uma população preexistem materialmente à luta de classes. Entretanto, só existem enquanto classes *por meio da relação que as institui como classes.* Marx sempre foi muito claro a esse respeito. E Althusser é também muito claro quando demonstra que dois setores de uma população preexistem materialmente, mas só se constituem como sujeitos da fé por meio da trama de relações que institui ambos os setores da população como sujeitos sujeitados a um sujeito imaginário.

O efeito de sujeito — a relação imaginária da ideologia — consiste precisamente em erigir como *sujeitos* da relação (como essências preexistentes) os termos que dela *resultam*. Não é o que ocorre para Althusser com a relação (materialmente existente) de *sujeição* que explica o mistério do mecanismo ideológico, o qual opera por meio da ambiguidade da categoria (imaginária) de sujeito? É através da representação da relação (material) de sujeição como relação entre sujeitos que a ideologia *desconhece* a realidade das relações materiais e *reconhece* o indivíduo como sujeito dessas relações (tornadas abstratas e propriedade intrínseca do sujeito).

A preexistência da ideologia dominante às ideologias específicas e aos aparelhos ideológicos (isto é, à sua prática concreta), a preexistência das classes à ideologia (isto é, à sua instituição como sujeito da luta de classes — ou da cooperação entre as classes, o que dá no mesmo), a preexistência do indivíduo à ideologia (isto é, ao seu reconhecimento como sujeito individual, sujeito de desejos e de direitos), tudo isso são efeitos do mecanismo ideológico, são efeito de sujeito. Efeito da condensação das relações em termos que contêm as relações como propriedade intrínseca sua, efeitos do deslocamento do efeito (o sujeito instituído) para a causa (a relação que institui). Mecanismos que Althusser reconhece, mas que sua prática política de compromisso — não discuto se justa ou não na conjuntura — obriga-o a desconhecer, sujeitando-se, portanto, pelo menos em parte, a seus efeitos.

Se levasse a termo a contradição entre reconhecimento e desconhecimento que percorre o desenvolvimento de sua teoria, o *conhecimento* que disso resultaria obrigaria a reconhecer que o efeito de sujeito não se "enraíza" na produção e na circulação, mas em toda e qualquer relação (material) de sujeição. Portanto, que existem tantos sujeitos quantas são essas relações e que a unidade do sujeito é tão problemática quanto a unidade da "ideologia dominante". Sua unidade, a subjetividade do sujeito, só poderia resultar de uma prática material de sujeição específica e talvez nada tenha a ver com as chamadas ideologias políticas.

Obrigaria a reconhecer que a reificação da categoria de classe é um mecanismo ideológico *e faz parte* de um processo de sujeição, da mesma forma que a categoria de partido ou de intelectual coletivo enquanto *sujeito da classe* e, mais importante ainda, a categoria de sujeito da história.

Obrigaria a reconhecer que o marxismo como ciência, isto é, como discurso sem sujeito, sem princípios nem fins, é incompatível não só com a galeria de mártires e Pais da Igreja em que se transformou sua história, mas também com sua entronização como sujeito da consciência revolucionária do proletariado.

* * *

Duas observações ainda, para terminar. Elas dizem respeito à distinção entre ideologia em geral e ideologia em particular. Após determinar os quatro mecanismos da interpelação do sujeito, Althusser afirma que são eles que fazem com que os bons sujeitos (bons súditos) "caminhem por si sós", isto é, funcionem à base da ideologia, sem precisarem da intervenção do aparelho repressivo de Estado, na medida em que "se inserem nas práticas governadas pelos rituais dos AIE".

Ora, o que move o indivíduo — por si só — não é *a* ideologia *em geral*, mas as ideologias (práticas) concretas. Portanto, o que importa é conhecer os mecanismos concretos das ideologias particulares, inscritas em práticas específicas e em instituições concretas. Entretanto, como a concretude *das* ideologias e sua historicidade não provêm *da* ideologia *em geral*, que é abstrata e não tem história, teremos que admitir que não é o quádruplo mecanismo da interpelação que faz com que os indivíduos concretos "funcionem por si sós" ou, então, que esses mecanismos — abstratos e eternos — se originem na produção e na circulação. Ou, o que é mais coerente, teremos que abandonar a ideia de que se trata *da* ideologia *em geral* e tentar completar a análise dos mecanismos concretos de sujeição em cada prática e em cada instituição.

Marx dizia que a anatomia do homem fornece a chave para a anatomia do macaco e que é a análise do modo de produção capitalista que fornece a chave para a teoria (abstrata) da produção em geral. Ora, é isso o que Althusser faz, mas não é o que ele diz. De fato, Althusser manifestamente analisa os mecanismos ideológicos a partir da prática ideológica concreta em sociedades atuais — embora nem sempre seu quadro de referência permaneça concreto e fixo —, mas atribui esses mecanismos à ideologia *em geral*.

No próprio texto de Althusser, há indicações que, combinadas com a interpretação que dei do efeito de sujeito, permitem superar essa contradição. Althusser afirma primeiro que o *efeito ideológico elementar* é o reconhecimento da evidência de que somos sujeitos. E acrescenta, na frase seguinte, que é próprio da ideologia, efetivamente, "impor — sem parecer fazê-lo, uma vez que se tratam de evidências — as evidências como evidências que não podemos deixar de *reconhecer* [...]".

Temos aí dois efeitos ideológicos, um chamado de *elementar* e outro de *próprio*. Entretanto, um é sem dúvida mais *geral*, pois a ideologia não reconhece apenas a evidência do efeito de sujeito que, portanto, é um efeito *específico*. O que quero dizer é que os mecanismos da ideologia *em geral* são os mecanismos de reconhecimento e desconhecimento que chamei de condensação e deslocamento dos *processos* materiais em *entidades* imaginárias. Os mecanismos que instituem essas entidades imaginárias em *indivíduos, sujeitos* etc. poderiam ser mecanismos específicos e *históricos*.

Isso nos leva à última observação, que é justamente sobre o caráter omni-histórico da categoria de sujeito. Que razão tem Althusser, que analisa apenas os mecanismos religiosos do catolicismo moderno, para afirmar a atemporalidade dessa categoria, além de vagas alusões a suas denominações diferentes em Platão? Nenhuma. Ao contrário, Foucault parece estar demonstrando em suas pesquisas históricas que, como afirmei em outro lugar, "esse interior dos homens, esse centro inatingível e obscuro onde se encontram sua verdade, seu passado e seu futuro e a origem de sua ação, em suma, essa alma laicizada do pensamento ocidental — o Sujeito —, existe de fato. Mas não se trata de uma suposta natureza humana que as ciências desvendam pouco a pouco. O Sujeito é o resultado de uma estratégia de poder que vigia e ordena os corpos através do aprisionamento e da domesticação das almas."

Se isso é verdade, não só a categoria do sujeito seria histórica, como também seria algo mais do que uma categoria do discurso, mas um dispositivo prático, ideológico e não ideológico, cujo efeito não é só a sujeição no plano ideológico, mas também a subordinação no plano das relações materiais, subordinação que é condição de reprodução da produção econômica.

A reprodução dos meios de produção

Todo mundo reconhece (mesmo os economistas burgueses que cuidam da contabilidade nacional e os modernos teóricos "macroeconomistas"), uma vez que Marx impôs a demonstração no Livro II de *O capital*, que não há produção possível sem que seja assegurada a reprodução das condições materiais da produção: a reprodução dos meios de produção.

Qualquer economista, que nisto não se distingue de qualquer capitalista, sabe que é preciso anualmente prever a reposição do que se esgota ou se utiliza na produção: matéria-prima, instalações fixas (construções), instrumentos de produção (máquinas) etc. Dizemos "qualquer economista" ou "qualquer capitalista" enquanto ambos expressam o ponto de vista da empresa, contentando-se em comentar simplesmente os termos da prática financeira contábil da empresa.

No entanto, sabemos, graças ao gênio de Quesnay — que foi o primeiro a formular este problema que "salta aos olhos" — e ao gênio de Marx — que o resolveu —, que não é ao nível da empresa que a reprodução das condições materiais da produção pode ser pensada; pois não é nesse nível que ela existe em suas condições reais. O que acontece ao nível da empresa é um efeito, que dá apenas a ideia da necessidade da reprodução, mas que não permite absolutamente pensar suas condições e seus mecanismos.

Basta refletir um pouco para se convencer: o Sr. X, capitalista, que produz tecidos de lã em sua fábrica, deve "reproduzir" sua matéria-prima, suas máquinas etc. Porém quem as produz para a sua produção são outros capitalistas: o Sr. Y, um grande criador de ovelhas da Austrália; o Sr. Z, grande industrial metalúrgico, produtor de máquinas-ferramentas etc., etc. devem, por sua vez, para produzir esses produtos que condicionam a reprodução das condições de produção do Sr. X, reproduzir as condições de sua própria produção, e assim infinitamente, tudo isso numa proporção tal que, no mercado nacional (quando não no mercado mundial), a demanda de meios de produção (para a reprodução) possa ser satisfeita pela oferta.

Para pensar esse mecanismo que constitui uma espécie de "fio sem fim", é necessário seguir a trajetória "global" de Marx e estudar especialmente as relações de circulação do capital entre o Setor I (produção dos meios de produção) e o Setor II (produção dos meios de consumo) e a realização da mais-valia, nos Livros II e III de *O capital*.

Não penetraremos na análise dessa questão. Basta-nos haver mencionado a existência da necessidade da reprodução das condições materiais da produção.

Reprodução da força de trabalho

Certamente alguma coisa terá chamado a atenção do leitor. Referimo-nos à reprodução dos meios de produção, mas não à reprodução das forças produtivas. Omitimos, portanto, a reprodução do que distingue as forças produtivas dos meios de produção, a saber, a reprodução da força de trabalho.

Se a observação do que ocorre na empresa, especialmente o exame da prática financeira contábil das previsões de amortização-inversão, pode dar-nos uma ideia aproximada da existência do processo material da reprodução, entramos agora num domínio no qual a observação do que ocorre na empresa é, senão totalmente, quase que totalmente inútil, e por uma boa razão: a reprodução da força de trabalho se dá, no essencial, fora da empresa.

Como se assegura a reprodução da força de trabalho? Ela é assegurada ao se dar à força de trabalho o meio material de se reproduzir: o salário. O salário consta na contabilidade de cada empresa, mas como "capital mão de obra"[3] e de forma alguma como condição da reprodução material da força de trabalho.

No entanto, é assim que ele "atua", uma vez que o salário representa apenas a parte do valor produzido pelo gasto da força de trabalho, indispensável para sua reprodução, quer dizer, indispensável para a reconstituição da força de trabalho do assalariado (para a habitação, vestuário e alimentação; em suma, para que ele esteja em condições de tornar a se apresentar na manhã seguinte — e todas as santas manhãs — ao guichê da empresa); e acrescentemos: indispensável para a criação e educação das crianças nas quais o proletariado se reproduz (em x unidades: podendo x ser igual a 0, 1, 2 etc.) como força do trabalho.

Lembremos que esta quantidade de valor (o salário) necessário para a reprodução da força de trabalho não está apenas determinada pelas necessidades de um S.M.I.G. "biológico", mas também por um mínimo histórico (Marx assinalava: os operários ingleses precisam de cerveja, e os operários franceses, de vinho) e, portanto, historicamente variável.

---

3 Marx elaborou o conceito científico desta noção: capital variável.

Lembremos também que esse mínimo é duplamente histórico enquanto não está definido pelas necessidades históricas da classe operária reconhecidas pela classe capitalista, mas por necessidades históricas impostas pela luta da classe operária (dupla luta de classes: contra o aumento da jornada de trabalho e contra a diminuição dos salários).

Entretanto não basta assegurar à força de trabalho as condições materiais de sua reprodução para que se reproduza como força de trabalho. Dissemos que a força de trabalho disponível deve ser "competente", isto é, apta a ser utilizada no sistema complexo do processo de produção. O desenvolvimento das *forças produtivas* e o *tipo de unidade* historicamente constitutivo das forças produtivas num dado momento determinam que a força de trabalho deve ser (diversamente) qualificada e então reproduzida como tal. Diversamente: conforme as exigências da divisão social e técnica do trabalho, nos seus diferentes "cargos" e "empregos".

Ora, vejamos, como se dá esta reprodução da qualificação (diversificada) da força de trabalho no regime capitalista? Ao contrário do que ocorria nas formações sociais escravistas e servis, esta reprodução da qualificação da força de trabalho tende (trata-se de uma lei tendencial) a dar-se não mais no "local de trabalho" (a aprendizagem na própria produção), mas, sim, cada vez mais, fora da produção, através do sistema escolar capitalista e de outras instâncias e instituições.

Ora, o que se aprende na escola? É possível chegar-se a um ponto mais ou menos avançado nos estudos, porém de qualquer maneira aprende-se a ler, escrever e contar, ou seja, algumas técnicas, e outras coisas também, inclusive elementos (que podem

APARELHOS IDEOLÓGICOS DE ESTADO

ser rudimentares ou, ao contrário, aprofundados) de "cultura científica" ou "literária" diretamente utilizáveis nos diferentes postos da produção (uma instrução para os operários, outra para os técnicos, uma terceira para os engenheiros, uma última para os quadros superiores etc.). Aprende-se o "know-how".

Porém, ao mesmo tempo, e junto com essas técnicas e conhecimentos, aprendem-se na Escola as "regras" do bom comportamento, isto é, as conveniências que devem ser observadas por todo agente da divisão do trabalho conforme o posto que ele esteja "destinado" a ocupar; as regras de moral e de consciência cívica e profissional, o que na realidade são regras de respeito à divisão social e técnica do trabalho e, em definitivo, regras da ordem estabelecida pela dominação de classe. Aprende-se também a "falar bem o idioma", a "redigir bem", o que, na verdade, significa (para os futuros capitalistas e seus servidores) saber "dar ordens", isto é, (solução ideal) dirigir-se adequadamente aos operários etc.

Enunciando esse fato numa linguagem mais científica, diremos que a reprodução da força de trabalho não exige somente uma reprodução de sua qualificação, mas, ao mesmo tempo, uma reprodução de sua submissão às normas da ordem vigente. Isto significa, por parte dos operários, uma reprodução da submissão à ideologia dominante, e, por parte dos agentes da exploração e repressão, uma reprodução da capacidade de perfeito domínio da ideologia dominante, de modo que eles assegurem também "pela palavra" o predomínio da classe dominante.

Em outras palavras, a Escola (mas também outras instituições do Estado, como a Igreja e outros aparelhos, como o Exército) ensina o "know-how", mas sob formas que asseguram a submissão à ideologia dominante ou o domínio de sua "prática". Todos os agentes da produção, da exploração e da repressão, sem falar dos "profissionais da ideologia" (Marx), devem de uma forma ou de outra estar "imbuídos" dessa ideologia para desempenhar "conscienciosamente" suas tarefas, seja a de explorados (os operários), seja a de exploradores (capitalistas), seja a de auxiliares na exploração (os quadros), seja a de grandes sacerdotes da ideologia dominante (seus "funcionários") etc.

A reprodução da força de trabalho evidencia, como condição *sine qua non*, não somente a reprodução de sua "qualificação", mas também a reprodução de sua submissão à ideologia dominante, ou da "prática" dessa ideologia, devendo ficar claro que não basta dizer "não somente [...] mas também", pois a reprodução da qualificação da força de trabalho se assegura em e sob as formas de submissão ideológica.

Com o que reconhecemos a presença de uma nova realidade: a ideologia.

Faremos aqui duas observações:

A primeira servirá para completar nossa análise da reprodução.

Acabamos de estudar rapidamente as formas da reprodução das forças produtivas, ou seja, dos meios de produção, por um lado, e da força de trabalho, por outro.

Porém não abordamos ainda a questão da reprodução das relações de produção. Este é um problema crucial da teoria marxista do modo de produção. Se o deixássemos no silêncio, cometeríamos uma omissão teórica — pior, um grave erro político.

Trataremos, portanto, desta questão. Mas, para obtermos os meios de fazê-lo, temos que novamente dar uma grande volta.

A segunda observação é que, para dar esta volta, somos obrigados a recolocar nossa velha questão: o que é uma sociedade?

Infraestrutura e superestrutura

Já tivemos a oportunidade[4] de insistir no caráter revolucionário da concepção marxista do "todo social", naquilo em que ela se distingue da "totalidade" hegeliana. Dissemos — e essa tese apenas repete célebres proposições do materialismo histórico — que Marx concebe a estrutura de toda a sociedade como constituída por "níveis" ou "instâncias" articuladas por uma determinação específica: a infraestrutura ou base econômica ("unidade" de forças produtivas e relações de produção) e a superestrutura, que compreende, por sua vez, dois "níveis" ou "instâncias" — a jurídico-política (o direito e o Estado) e a ideológica (as distintas ideologias: religiosa, moral, jurídica, política etc.).

Além de seu interesse teórico pedagógico (que aponta a diferença entre Marx e Hegel), essa representação oferece a seguinte vantagem teórica fundamental: ela permite inscrever no quadro teórico de seus conceitos essenciais o que denominamos seu *índice de eficácia respectivo*. O que se entende por isso?

Qualquer um pode facilmente perceber que a representação da estrutura de toda a sociedade como um edifício composto de uma base (infraestrutura) sobre a qual se erguem os dois "andares" da superestrutura constitui uma metáfora, mais precisamente, uma metáfora espacial: um tópico.[5] Como toda metáfora, esta sugere, faz ver alguma coisa. O quê? Justamente isto: que os andares superiores não poderiam "sustentar-se" (no ar) por si sós, se não se apoiassem sobre sua base.

---

4 Em *Pour Marx* e *Lire Le capital*. Paris: Ed. Maspero, 1965.

5 *Tópico*, do grego *topos*: local. Um tópico representa, num espaço definido, os locais respectivos ocupados por esta ou aquela realidade: desta maneira, o econômico está embaixo (a base), e a superestrutura, em cima.

A metáfora do edifício tem então como objetivo primeiro representar a "determinação em última instância" pela base econômica. Essa metáfora espacial tem como resultado dotar a base de um índice de eficácia conhecido nos célebres termos: determinação em última instância do que ocorre nos "andares" da superestrutura pelo que ocorre na base econômica.

A partir desse índice de eficácia "em última instância", os "andares" da superestrutura encontram-se evidentemente afetados por diferentes índices de eficácia. Que tipo de índices?

Pode-se dizer que os andares da superestrutura não são determinantes em última instância, mas que são determinados pela eficácia da base; que, se eles são a seu modo (ainda não definido) determinantes, o são apenas enquanto determinados pela base.

Seu índice de eficácia (ou de determinação), enquanto determinado pela determinação em última instância da base, é pensado pela tradição marxista sob duas formas: 1) a existência de uma "autonomia relativa" da superestrutura em relação à base; 2) a existência de uma "ação de retorno" da superestrutura sobre a base.

Podemos afirmar, então, que a grande vantagem teórica da topografia marxista, ou seja, da metáfora espacial do edifício (base e superestrutura) consiste em mostrar ao mesmo tempo que as questões de determinação (ou de índice de eficácia) são fundamentais; que é a base que determina em última instância todo o edifício; como consequência, somos obrigados a colocar o problema teórico do tipo de eficácia "derivada" próprio à superestrutura, isto é, somos obrigados a pensar no que a tradição marxista designa pelos termos conjuntos de autonomia relativa da superestrutura e de "ação de retorno" da superestrutura sobre a base.

O maior inconveniente desta representação da estrutura de toda a sociedade pela metáfora espacial do edifício está evidentemente no fato de ela ser metafórica, isto é, de permanecer descritiva.

Parece-nos desejável e possível representar as coisas de outra maneira.

Que sejamos bem entendidos: não recusamos em absoluto a metáfora clássica, já que ela mesma nos obriga a superá-la. E não a superaremos afastando-a como caduca. Pretendemos simplesmente pensar o que ela nos dá sob a forma de uma descrição.

Pensamos que é a partir da reprodução que é possível e necessário pensar o que caracteriza o essencial da existência e natureza da superestrutura. Basta colocar-se no ponto de vista da reprodução para que se esclareçam muitas questões cuja existência a metáfora espacial do edifício indicava, sem dar-lhes resposta conceitual.

Sustentamos como tese fundamental que somente é possível levantar essas questões (e, portanto, responder a elas) *a partir do ponto de vista da reprodução*.

Analisaremos brevemente o Direito, o Estado e a ideologia a partir deste ponto de vista. E mostraremos, ao mesmo tempo, o que ocorre a partir do ponto de vista da prática e da produção, por um lado, e da reprodução, por outro.

O Estado

A tradição marxista é categórica: desde o *Manifesto Comunista* e do *Os 18 de Brumário de Luís Bonaparte* (e em todos os textos clássicos posteriores, sobretudo no de Marx sobre a *Comuna de Paris* e no de Lênin sobre o *Estado e a Revolução*), o Estado é explicitamente concebido como um aparelho repressivo. O Estado é uma "máquina" de repressão que permite às classes dominantes — no século XIX, à classe burguesa e à "classe" dos grandes latifundiários — assegurar a sua dominação sobre a classe operária, para submetê-la ao processo de extorsão da mais-valia (quer dizer, à exploração capitalista).

O Estado é, antes de mais nada, o que os clássicos do marxismo chamaram de *o aparelho de Estado*. Esta expressão compreende não somente o aparelho especializado (no sentido estrito), cuja existência e necessidade reconhecemos pelas exigências da prática jurídica, a saber, a política — os tribunais — e as prisões; mas também o Exército, que intervém diretamente como força repressiva de apoio em última instância (o proletariado pagou com seu sangue esta experiência), quando a Polícia e seus órgãos auxiliares são "ultrapassados pelos acontecimentos"; e, acima deste conjunto, o chefe de Estado, o governo e a administração.

Apresentada desta forma, a "teoria marxista-leninista" do Estado toca o essencial, e não se trata em nenhum momento de duvidar de que nela esteja o essencial. O aparelho de Estado que define o Estado como força repressiva de execução e intervenção "a serviço das classes dominantes" na luta de classes da burguesia e seus aliados contra o proletariado é, na verdade, o próprio Estado, e isso define perfeitamente a sua "função" fundamental.

Da teoria descritiva à teoria propriamente dita

No entanto, como o assinalamos na metáfora do edifício (infraestrutura e superestrutura), também essa apresentação da natureza do Estado permanece descritiva em parte.

Como usaremos constantemente este adjetivo (descritivo), torna-se necessária uma explicação que elimine qualquer equívoco.

Quando, ao falarmos da metáfora do edifício ou da teoria marxista do Estado, dizemos que são concepções ou representações descritivas de seu objeto, não escondemos nenhuma segunda intenção crítica. Pelo contrário, tudo leva a crer que os grandes descobrimentos científicos não podem deixar de passar pela etapa que chamamos uma "teoria" descritiva. Esta seria a primeira etapa de toda teoria, ao menos no campo da ciência das formações sociais. Como tal, poder-se-ia — e, no nosso entender, deve-se — encarar esta etapa como transitória e necessária ao desenvolvimento da teoria. A nossa expressão "teoria descritiva" aponta este caráter transitório ao mostrar, pela conjunção dos termos empregados, o equivalente a uma espécie de "contradição". Com efeito, o termo "teoria" choca-se em parte com o adjetivo "descritiva" que o acompanha. Isso significa exatamente: 1) que a "teoria descritiva" é, sem dúvida alguma, o irreversível começo da teoria; porém 2) que a forma "descritiva" em que se apresenta a teoria exige, pelo efeito mesmo desta "contradição", um desenvolvimento da teoria que supere a forma da "descrição".

Precisemos nosso pensamento voltando ao nosso objeto presente: o Estado.

Quando dizemos que a "teoria" marxista do Estado que utilizamos é parcialmente "descritiva", isto significa, em primeiro lugar e antes de mais nada, que esta "teoria" descritiva é, sem dúvida alguma, o início da teoria marxista do Estado, e que tal início nos fornece o essencial, isto é, o princípio decisivo de todo desenvolvimento posterior da teoria.

Diremos, com efeito, que a teoria descritiva do Estado é justa, uma vez que a definição dada por ela de seu objeto pode perfeitamente corresponder à imensa maioria dos fatos observáveis no domínio que lhe concerne. Assim, a definição de Estado como Estado de classe, existente no aparelho repressivo de Estado, elucida de maneira fulgurante todos os fatos observáveis nos diferentes níveis da repressão, qualquer que seja o seu domínio: desde os massacres de junho de 1848 e da Comuna de Paris, do domingo sangrento de maio de 1905 em Petrogrado, da Resistência, de Charonne etc. até as mais simples (e relativamente anódinas) intervenções de uma "censura" que proíbe a *Religiosa* de Diderot ou uma obra de Gatti sobre Franco; elucida todas as formas diretas ou indiretas de exploração e extermínio das massas populares (as guerras imperialistas); elucida a sutil dominação cotidiana na qual se evidencia (nas formas da democracia política, por exemplo) o que Lênin chamou, depois de Marx, de ditadura da burguesia.

Entretanto, a teoria descritiva do Estado representa uma etapa da constituição da teoria, que exige, ela mesma, a "superação" desta etapa. Portanto, está claro que, se a definição em questão nos fornece os meios para identificar e reconhecer os fatos opressivos e articulá-los com o Estado concebido como aparelho repressivo de Estado, esta "articulação" dá lugar a um tipo de evidência muito especial, a que teremos oportunidade de nos referir mais adiante: "Sim, é assim, está prefeito!"[6] E a acumulação de fatos à definição do Estado, ainda que multiplique sua ilustração, não faz com que esta definição avance, não permite realmente o avanço

---

6 Ver mais adiante: Acerca da ideologia.

da teoria científica do Estado. Toda teoria descritiva corre o risco de "bloquear" o desenvolvimento indispensável da teoria.

Por isso acreditamos que, para desenvolver a teoria descritiva em teoria propriamente dita, isto é, para melhor compreender os mecanismos do Estado em seu funcionamento, é indispensável *acrescentar* algo à definição clássica do Estado como aparelho de Estado.

O essencial da teoria marxista do Estado

Precisemos inicialmente um ponto importante: o Estado (e sua existência em seu aparelho) só tem sentido em função do *poder de Estado*. Toda a luta política de classes gira em torno do Estado. Entendamos: em torno da posse, isto é, da tomada e manutenção do poder de Estado por certa classe ou por uma aliança de classes ou frações de classes. Esta primeira observação nos obriga a distinguir entre o poder de Estado (manutenção ou tomada do poder de Estado) — objetivo da luta de classes política —, de um lado, e o aparelho de Estado, de outro.

Sabemos que o aparelho de Estado pode permanecer de pé — como o demonstram as "revoluções" burguesas do século XIX na França (1830, 1848), os golpes de Estado (2 de dezembro de 1851, maio de 1958), as comoções de Estado (queda do Império em 1870, queda da Terceira República em 1940), a ascensão política da pequena burguesia (1890-1895) etc. — sem ser afetado ou modificado; pode permanecer de pé sob acontecimentos políticos que afetem a posse do poder de Estado.

Mesmo depois de uma revolução social como a de 1917, grande parte do aparelho de Estado permanecia de pé quando da tomada do poder pela aliança do proletariado e do campesinato pobre — Lênin o repetiu inúmeras vezes.

Pode-se dizer que esta distinção entre poder de Estado e aparelho de Estado passou a fazer parte da "teoria marxista" do Estado de maneira explícita a partir da publicação de *Os 18 de Brumário de Luís Bonaparte* e de *As lutas de classes na França*, de Marx.

Resumindo este aspecto da "teoria marxista do Estado", podemos dizer que os clássicos do marxismo sempre afirmaram que: 1) o Estado é o aparelho repressivo de Estado; 2) deve-se distinguir o poder de Estado do aparelho de Estado; 3) o objetivo da luta de classes diz respeito ao poder de Estado e consequentemente à utilização do aparelho de Estado pelas classes (ou alianças de classes ou frações de classes) que detêm o poder de Estado em função de seus objetivos de classe; e 4) o proletariado deve tomar o poder de Estado para destruir o aparelho burguês existente, substituí-lo em uma primeira etapa por um aparelho de Estado completamente diferente, proletário, e elaborar nas etapas posteriores um processo radical, o da destruição do Estado (fim do poder de Estado e de todo aparelho de Estado).

Assim, deste ponto de vista, o que proporia que se acrescente à "teoria marxista" do Estado já está contido nela com todas as letras. Porém parece-nos que esta teoria completada desta forma permanece ainda em parte descritiva, ainda que já contenha elementos complexos e diferenciados cujas regras e funcionamento não podem ser compreendidos sem o recurso a um aprofundamento teórico suplementar.

Os aparelhos ideológicos de Estado

O que deve ser acrescentado à "teoria marxista" do Estado é, então, outra coisa.

Devemos avançar com prudência num campo em que os clássicos do marxismo nos precederam há muito, mas sem ter sistematizado sob uma forma teórica os avanços decisivos que suas experiências e procedimentos implicam. Com efeito, suas experiências e procedimentos permaneceram sobretudo no campo da prática política.

Na verdade, os clássicos do marxismo, em sua prática política, trataram do Estado como uma realidade mais complexa do que a da definição da "teoria marxista do Estado", mesmo completada como acabamos de fazer. Eles perceberam esta complexidade em sua prática, porém não a exprimiram numa teoria correspondente.[7]

Gostaríamos de esboçar muito esquematicamente essa teoria correspondente. Com este objetivo propomos a seguinte tese: para fazer avançar a teoria do Estado, é indispensável levar em conta não somente a distinção entre *poder de Estado* e *aparelho de Estado*, mas também outra realidade que se manifesta junto ao aparelho (repressivo) de Estado, mas que não se confunde com ele. Chamaremos esta realidade pelo seu conceito: os *aparelhos ideológicos de Estado*.

---

7 Ao que saibamos, Gramsci é o único que avançou no caminho que retomamos. Ele teve a ideia "singular" de que o Estado não se reduzia ao aparelho (repressivo) de Estado, mas compreendia, como dizia, certo número de instituições da "sociedade civil": a Igreja, as escolas, os sindicatos etc. Infelizmente Gramsci não sistematizou suas intuições, que permaneceram no estado de anotações argutas mas parciais (cf. Gramsci: *Oeuvres Choisies*, Ed. Sociales, pp. 290, 291 (Nota 3), 293, 295, 436. Cf. *Lettres de la Prison*, Ed. Sociales, p. 313).

O que são os aparelhos ideológicos de Estado (AIE)?

Eles não se confundem com o aparelho (repressivo) de Estado. Lembremos que, na teoria marxista, o aparelho de Estado (AE) compreende o governo, a administração, o Exército, a polícia, os tribunais, as prisões etc., que constituem o que chamaremos, a partir de agora, de aparelho repressivo de Estado. Repressivo indica que o aparelho de Estado em questão "funciona através da violência" — ao menos em situações limites, pois a repressão administrativa, por exemplo, pode revestir-se de formas não físicas.

Designamos pelo nome de aparelhos ideológicos de Estado certo número de realidades que apresentam-se ao observador imediato sob a forma de instituições distintas e especializadas. Propomos uma lista empírica, que deverá necessariamente ser examinada em detalhe, posta à prova, retificada e remanejada. Com todas as reservas que esta exigência acarreta, podemos, por ora, considerar como aparelhos ideológicos de Estado as seguintes instituições (a ordem de enumeração não tem nenhum significado especial):

AIE religiosos (o sistema das diferentes Igrejas)

AIE escolar (o sistema das diferentes "escolas" públicas e privadas)

AIE familiar[8]

AIE jurídico[9]

---

8 A Família desempenha claramente outras "funções", além da de AIE. Ela intervém na reprodução da força de trabalho. Ela é, dependendo dos modos de produção, unidade de produção e/ou unidade de consumo.

9 O "Direito" pertence ao mesmo tempo ao aparelho (repressivo) de Estado e ao sistema dos AIE.

AIE político (o sistema político, os diferentes partidos)
AIE sindical
AIE de informação (a imprensa, o rádio, a televisão etc.)
AIE cultural (Letras, Belas Artes, esportes etc.)

Nós afirmamos: os AIE não se confundem com o aparelho (repressivo) de Estado. Em que consiste a diferença?

Num primeiro momento, podemos observar que, se existe *um* aparelho (repressivo) de Estado, existe uma pluralidade de aparelhos ideológicos de Estado. Supondo a sua existência, a unidade que constitui esta pluralidade de AIE não é imediatamente visível.

Num segundo momento, podemos constatar que, enquanto o aparelho (repressivo) de Estado, unificado, pertence inteiramente ao domínio público, a maior parte dos aparelhos ideológicos de Estado (em sua aparente dispersão) remete ao domínio privado. As igrejas, os partidos, os sindicatos, as famílias, algumas escolas, a maioria dos jornais, as empresas culturais etc., etc. são privados.

Deixemos de lado, por ora, nossa primeira observação. Mas detenhamo-nos na segunda, indagando em nome de quê podemos considerar como aparelhos ideológicos *de Estado* instituições que, em sua maioria, não possuem estatuto público, e que são simplesmente instituições privadas. Como marxista consciente, Gramsci já respondera a esta objeção. A distinção entre o público e o privado é uma distinção intrínseca ao direito burguês e válida nos domínios (subordinados) onde o direito burguês exerce seus "poderes". O domínio do Estado lhe escapa, pois este está "além do Direito": o Estado, que é o Estado *da* classe dominante, não é nem público nem privado; ele é, ao contrário, a condição de toda distinção entre o público e o privado. Digamos a mesma coisa partindo dos nossos aparelhos ideológicos de Estado. Pouco importa se as instituições que os constituem sejam "públicas" ou "privadas". O que importa é o seu funcionamento. Instituições privadas podem perfeitamente "funcionar" como aparelhos ideológicos de Estado. Seria suficiente uma análise um pouco mais profunda de qualquer dos AIE para mostrá-lo.

Mas vamos ao essencial. O que distingue os AIE do aparelho (repressivo) de Estado é a seguinte diferença fundamental: o aparelho repressivo de Estado "funciona através da violência", ao passo que os aparelhos ideológicos de Estado "funcionam através da ideologia".

Podemos precisar, retificando esta distinção. Diremos, com efeito, que todo aparelho de Estado, seja ele repressivo ou ideológico, "funciona" tanto através da violência como através da ideologia, mas com uma diferença muito importante, que impede que se confundam os aparelhos ideológicos de Estado com o aparelho (repressivo) de Estado.

O aparelho (repressivo) de Estado funciona predominantemente através da repressão (inclusive a física) e secundariamente através da ideologia. (Não existe aparelho unicamente repressivo.) Exemplos: o Exército e a Polícia funcionam também através de ideologia, tanto para garantir sua própria coesão e reprodução, como para divulgar os "valores" por eles propostos.

Da mesma forma, mas inversamente, devemos dizer que os aparelhos ideológicos de Estado funcionam de maneira maciça e prevalente através da ideologia, mas também secundariamente através da repressão, seja esta bastante atenuada, dissimulada ou mesmo simbólica, e mesmo que somente em último caso. (Não existe aparelho puramente ideológico.) Desta forma, a Escola, as Igrejas "moldam" por métodos próprios de sanções, exclusões, seleção etc. não apenas seus funcionários, mas também suas ovelhas. E assim a Família... Assim o AIE cultural (a censura, para mencionar apenas ela)...

Será preciso dizer que esta determinação do duplo "funcionamento" (de forma principal, de forma secundária) através da repressão ou da ideologia, segundo a qual trata-se ou do aparelho (repressivo) de Estado ou dos aparelhos ideológicos de Estado, permite compreender que constantemente tecem-se sutis combinações tácitas ou explícitas entre o jogo do aparelho (repressivo) de Estado e o jogo dos aparelhos ideológicos de Estado? A vida cotidiana oferece-nos inúmeros exemplos, que, todavia, devemos estudar detalhadamente para superarmos esta simples observação.

Essa observação nos possibilita compreender o que constitui a unidade do corpo aparentemente disperso dos AIE. Se os AIE "funcionam" predominantemente através da ideologia, o que unifica a sua diversidade é este funcionamento mesmo, na medida em que a ideologia, na qual funcionam, está de fato sempre unificada, apesar da sua diversidade e contradições, sob a ideologia dominante, que é a ideologia da "classe dominante". Se consideramos que por princípio a "classe dominante" detém o poder de Estado (de forma clara ou, mais frequentemente, por alianças de classes ou de frações de classes) e que dispõe, portanto, do aparelho (repressivo) de Estado, podemos admitir que a mesma classe dominante seja ativa nos aparelhos ideológicos de Estado. Bem entendido, agir por leis e decretos no aparelho (repressivo) de Estado é diferente de agir através da ideologia dominante nos aparelhos ideológicos de Estado. Seria preciso detalhar essa diferença, que, no entanto, não deve encobrir a realidade de uma profunda identidade. Ao que sabemos, *nenhuma classe pode, de forma duradoura, deter o poder de Estado sem exercer ao mesmo tempo sua hegemonia sobre e nos aparelhos ideológicos de Estado.* Cito apenas um exemplo e prova: a lancinante preocupação de Lênin em revolucionar o aparelho ideológico de Estado escolar (entre outros) para permitir ao proletariado soviético, que se apropriara do poder de Estado, garantir nada mais nada menos do que o próprio futuro da ditadura do proletariado e a passagem para o socialismo.[10]

Esta última observação nos permite compreender que os aparelhos ideológicos de Estado podem não apenas ser os meios, mas também o lugar da luta de classes, e frequentemente de formas encarniçadas da luta de classes. A classe (ou aliança de classes) no poder não dita tão facilmente a lei nos AIE como no aparelho (repressivo) de Estado, não somente porque as antigas classes dominantes podem conservar durante muito tempo fortes posições naqueles, mas porque a resistência das classes exploradas pode encontrar o meio e a ocasião de expressar-se neles, utilizando as contradições existentes ou conquistando pela luta posições de combate.[11]

---

10 Em um texto patético, datado de 1937, Krupskaia relata os esforços desesperados de Lênin e o que ela via como o seu fracasso ("*Le chemin parcouru*").

11 O que, em breves palavras, se diz aqui acerca da luta de classes nos AIE não pretende, evidentemente, esgotar a questão de luta de classes.

Para tratar desta questão, deve-se ter presentes dois princípios.

APARELHOS IDEOLÓGICOS DE ESTADO

Concluamos nossas observações.

Se a tese que propusemos tem fundamento, voltamos, precisando-a quanto a uma questão, à teoria marxista clássica do Estado. Diremos que, por um lado, é preciso distinguir o poder de Estado (sua detenção por...) e, por outro, o aparelho de Estado. Mas acrescentamos que o aparelho de Estado compreende dois corpos: o corpo das instituições que constituem o aparelho repressivo de Estado, e o corpo de instituições que representam o corpo dos aparelhos ideológicos de Estado.

No entanto, se é assim, não podemos deixar de colocar a seguinte questão, mesmo no estado bastante sumário de nossas indicações: qual é exatamente o papel dos aparelhos ideológicos de Estado? Qual é o fundamento de sua importância? Em outras palavras: a que corresponde a "função" destes aparelhos ideológicos de Estado, que não funcionam através da repressão, mas da ideologia?

O primeiro princípio foi formulado por Marx no prefácio da *Contribuição*: "Quando consideramos tais abalos (uma revolução social), é necessário distinguir entre o abalo material — que pode ser constatado de maneira cientificamente rigorosa — das condições de produção econômicas, e as formas jurídicas, políticas, religiosas, artísticas ou filosóficas através das quais os homens tomam consciência deste conflito e o levam até o fim." A luta de classes se expressa e se exerce, portanto, nas formas ideológicas, e também nas formas ideológicas dos AIE. Mas a luta de classes ultrapassa amplamente essas formas, e é porque ela as ultrapassa que a luta das classes exploradas pode se exercer nos AIE, voltando a arma da ideologia contra as classes no poder.

Isto em função do segundo princípio: a luta das classes ultrapassa os AIE porque não tem suas raízes na ideologia, mas na infraestrutura, nas relações de produção, que são relações de exploração e que constituem a base das relações de classe.

Sobre a reprodução das relações de produção

Podemos então responder à nossa questão central, mantida em suspenso por tanto tempo: como é assegurada a reprodução das relações de produção?

Na linguagem metafórica do tópico (infraestrutura, superestrutura), diremos: ela é, em grande parte,[12] assegurada pela superestrutura jurídico-política e ideológica.

Porém, uma vez que julgamos indispensável ultrapassar esta linguagem ainda descritiva, diremos: ela é, em grande parte,[12] assegurada pelo exercício do poder de Estado nos aparelhos de Estado — o aparelho (repressivo) de Estado, por um lado, e os aparelhos ideológicos de Estado, por outro.

Reunimos o que foi dito anteriormente nos três pontos seguintes:

1) Todos os aparelhos de Estado funcionam ora através da repressão, ora através da ideologia, com a diferença de que o aparelho (repressivo) de Estado funciona principalmente através da repressão, enquanto os aparelhos ideológicos de Estado funcionam principalmente através da ideologia.

2) Ao passo que o aparelho (repressivo) de Estado constitui um todo organizado cujos diversos componentes estão centralizados por uma unidade de direção — a da política da luta de classes aplicada pelos representantes políticos das classes

---

12 Em grande parte. Pois as relações de produção são, antes de mais nada, reproduzidas pela materialidade do processo de produção e do processo de circulação. Mas não devemos esquecer que as relações ideológicas estão presentes nesses mesmos processos.

dominantes, que detêm o poder de Estado —, os aparelhos ideológicos de Estado são múltiplos, distintos e relativamente autônomos, susceptíveis de oferecer um campo objetivo às contradições que expressam, de formas ora limitadas, ora mais amplas, os efeitos dos choques entre a luta das classes capitalista e proletária, assim como de suas formas subordinadas.

3) Enquanto a unidade do aparelho (repressivo) de Estado está assegurada por sua organização centralizada, unificada sob a direção dos representantes das classes no poder, executantes da política da luta de classes das classes no poder, a unidade entre os diferentes aparelhos ideológicos de Estado está assegurada, geralmente de maneira contraditória, pela ideologia dominante, a da classe dominante.

Tendo em conta essas características, podemos nos representar a reprodução das relações de produção[13] da seguinte maneira, segundo uma espécie de "divisão do trabalho".

O papel do aparelho repressivo de Estado consiste essencialmente, como aparelho repressivo, em garantir pela força (física ou não) as condições políticas da reprodução das relações de produção, que são, em última instância, relações de exploração. Não apenas o aparelho de Estado contribui para sua própria reprodução (existem no Estado capitalista as dinastias políticas, as dinastias militares etc.), mas também, e sobretudo, o aparelho de Estado assegura pela repressão (da força física mais brutal às simples ordens e proibições administrativas, à censura explícita ou implícita etc.) as condições políticas do exercício dos aparelhos ideológicos de Estado.

---

13 No que diz respeito à parte da reprodução assegurada pelo aparelho repressivo de Estado e os aparelhos ideológicos de Estado.

Com efeito, são estes que garantem, em grande parte, a reprodução mesma das relações de produção, sob o "escudo" do aparelho repressivo de Estado. É neles que se desenvolve o papel da ideologia dominante, a da classe dominante, que detém o poder de Estado. É por intermédio da ideologia dominante que a "harmonia" (por vezes tensa) entre o aparelho repressivo de Estado e os aparelhos ideológicos de Estado e entre os diferentes aparelhos ideológicos de Estado é assegurada.

Somos levados a formular a hipótese a seguir, em função mesmo da diversidade dos aparelhos ideológicos de Estado em seu papel único, ainda que comum, de reprodução das relações de produção.

Enumeramos, nas formações sociais capitalistas contemporâneas, um número relativamente elevado de aparelhos ideológicos de Estado: o aparelho escolar, o aparelho religioso, o aparelho familiar, o aparelho político, o aparelho sindical, o aparelho de informação, o aparelho cultural etc.

Ora, nas formações sociais do modo de produção "servil" (comumente denominado feudal), constatamos que, embora exista um aparelho repressivo de Estado único, formalmente bastante semelhante ao que conhecemos, não apenas desde a monarquia absolutista, mas desde os primeiros Estados antigos conhecidos, o número dos aparelhos ideológicos de Estado é menor, e sua individualidade, diferente. Constatamos, por exemplo, que, na Idade Média, a Igreja (aparelho ideológico de Estado religioso) acumulava numerosas funções hoje distribuídas entre os diversos aparelhos ideológicos de Estado, novos em relação ao passado que evocamos, particularmente as funções escolares e culturais. Ao lado da Igreja, existia o aparelho ideológico de

Estado familiar, que desempenhava um papel considerável, sem medida comum com o que é hoje desempenhado nas formações sociais capitalistas. A Igreja e a Família não eram, apesar das aparências, os únicos aparelhos ideológicos de Estado. Havia também um aparelho ideológico de Estado político (os Estados Gerais, o Parlamento, as diferentes facções e ligas políticas — ancestrais dos partidos políticos modernos —, e todo o sistema político das comunas libertadas e, depois, das cidades). Havia também um poderoso aparelho ideológico de Estado "pré-sindical", se podemos arriscar esta expressão necessariamente anacrônica (as poderosas confrarias dos mercadores, dos banqueiros, as associações dos empregados etc.). Até a edição e a informação conheceram incontestável desenvolvimento, bem como os espetáculos, inicialmente integrados à Igreja, depois cada vez mais independentes dela.

No período histórico pré-capitalista que examinamos sumariamente, é evidente que *havia um aparelho ideológico de Estado dominante, a Igreja,* que reunia não só as funções religiosas, mas também as escolares e uma boa parcela das funções de informação e de "cultura". Não foi por acaso que toda a luta ideológica do século XVI ao XVIII, desde o primeiro abalo da Reforma, se concentrou numa luta anticlerical e antirreligiosa; foi em função mesmo da posição dominante do aparelho ideológico de Estado religioso.

A Revolução francesa teve, antes de mais nada, como objetivo e resultado não apenas a transferência do poder de Estado da aristocracia feudal para a burguesia capitalista-comercial, a quebra parcial do antigo aparelho repressivo de Estado e sua substituição por um novo (por exemplo, o Exército nacional popular), mas o ataque ao aparelho ideológico de Estado nº 1: a Igreja. Daí a constituição civil do clero, a confiscação dos bens da Igreja e a criação de novos aparelhos ideológicos de Estado para substituir o aparelho ideológico de Estado religioso em seu papel dominante.

Naturalmente as coisas não caminharam por si sós: como exemplos, temos o *concordat*, a Restauração e a longa luta de classe entre a aristocracia fundiária e a burguesia industrial durante todo século XIX para o estabelecimento da hegemonia burguesa nas funções anteriormente preenchidas pela Igreja — antes de mais nada, pela Escola. Pode-se dizer que a burguesia se apoiou no novo aparelho ideológico de Estado político, democrático-parlamentar, estabelecido nos primeiros anos da Revolução, restaurado, após longas e violentas lutas, por alguns meses em 1848, e durante dezenas de anos após a queda do Segundo Império, para combater a Igreja e apossar-se de suas funções ideológicas, em suma para assegurar não só sua hegemonia política, mas também a sua hegemonia ideológica, indispensável à reprodução das relações de produção capitalistas.

Acreditamos, portanto, poder apresentar a tese seguinte, com todos os riscos que isto comporta. Afirmamos que o aparelho ideológico de Estado que assumiu a posição *dominante* nas formações capitalistas maduras, após uma violenta luta de classe política e ideológica contra o antigo aparelho ideológico de Estado dominante, foi o *aparelho ideológico escolar*.

Esta tese pode soar paradoxal se, para todo mundo, isto é, se na representação ideológica que a burguesia faz de si mesma, para si mesma e para as classes exploradas, não parece ser a Escola o aparelho ideológico de Estado dominante nas formações sociais capitalistas, e sim o aparelho ideológico de Estado político, ou seja, o regime de democracia parlamentar oriundo do sufrágio universal e das lutas partidárias.

No entanto, a história, mesmo recente, demonstra que a burguesia pôde e pode muito bem acomodar-se a aparelhos ideológicos de Estado políticos distintos da democracia parlamentar: o Primeiro e o Segundo Impérios, a monarquia constitucional (Luiz XVIII, Carlo X), a monarquia parlamentar (Luis Felipe), a democracia presidencial (de Gaulle), para mencionar apenas o caso francês. Na Inglaterra, as coisas são ainda mais explícitas. Lá a revolução foi particularmente bem-sucedida do ponto de vista burguês, uma vez que, ao contrário da França — onde a burguesia, por estreiteza da pequena nobreza, foi obrigada a aceitar chegar ao poder pelas "jornadas revolucionárias", camponesas e plebeias, que lhe custaram terrivelmente caro —, a burguesia inglesa pôde "compor com a aristocracia", e "partilhar" com ela o poder e o Estado e a utilização do aparelho de Estado durante muito tempo (paz entre todos os homens de boa vontade das classes dominantes!). Na Alemanha as coisas são mais surpreendentes ainda — foi sob o aparelho ideológico de Estado político, onde os Junkers imperiais (símbolo Bismark), seu exército e sua polícia lhe serviam de escudo e de pessoal dirigente, que a burguesia imperialista entrou estrondosamente na história antes de "atravessar" a República de Weimar e de entregar-se ao nazismo.

Acreditamos, portanto, ter boas razões para afirmar que, por trás dos jogos de seu aparelho ideológico de Estado político, que ocupava o primeiro plano do palco, a burguesia estabeleceu como seu aparelho ideológico de Estado nº 1, e portanto dominante, o aparelho escolar, que, na realidade, substitui o antigo aparelho ideológico de Estado dominante, a Igreja, em suas funções. Podemos acrescentar: o par Escola-Família substitui o par Igreja-Família.

Por que o aparelho escolar é o aparelho ideológico de Estado dominante nas formações sociais capitalistas e como funciona?

No momento é suficiente responder:

1) Todos os aparelhos ideológicos de Estado, quaisquer que sejam, concorrem para o mesmo fim: a reprodução das relações de produção, isto é, das relações de exploração capitalistas.

2) Cada um deles concorre para este fim único na maneira que lhe é própria. O aparelho político submetendo os indivíduos à ideologia política do Estado, a ideologia "democrática", "indireta" (parlamentar) ou "direta" (plebiscitária ou fascista). O aparelho de informação despejando pela imprensa, pelo rádio, pela televisão doses diárias de nacionalismo, chauvinismo, liberalismo, moralismo etc. O mesmo ocorre com o aparelho cultural (o papel do esporte no chauvinismo é de primeira importância) etc. O aparelho religioso lembrando nos sermões e em outras cerimônias do nascimento, do casamento e da morte que o homem é cinza e sempre o será, a não ser que ame seu irmão ao ponto de dar a outra face àquele que primeiro a esbofetear. O aparelho familiar… Não insistamos.

3) Este concerto é regido por uma única partitura, por vezes perturbada por contradições (as do restante das antigas classes dominantes, as dos proletários e suas organizações): a ideologia da classe atualmente dominante, que inclui em sua música os grandes temas do Humanismo dos Grandes Ancestrais, que realizaram, antes do Cristianismo, o Milagre grego, e depois a

APARELHOS IDEOLÓGICOS DE ESTADO

Grandeza de Roma, a Cidade eterna, e os temas do interesse, particular e geral etc. Nacionalismo, moralismo e economismo.

4) Portanto, neste concerto, um aparelho ideológico de Estado desempenha o papel dominante, muito embora não escutemos sua música, a tal ponto ela é silenciosa! Trata-se da Escola.

Ela se encarrega das crianças de todas as classes sociais desde o maternal, e desde o maternal ela lhes inculca, durante anos, precisamente durante aqueles em que a criança é mais "vulnerável", espremida entre o aparelho de Estado familiar e o aparelho de Estado escolar, os saberes contidos na ideologia dominante (o francês, o cálculo, a história natural, as ciências, a literatura), ou simplesmente a ideologia dominante em estado puro (moral, educação cívica, filosofia). Por volta do 16º ano, uma enorme massa de crianças entra "na produção": são os operários ou os pequenos camponeses. Outra parte da juventude escolarizável prossegue; e, seja como for, caminha para os cargos dos pequenos e médios quadros, empregados, funcionários pequenos e médios, pequeno-burgueses de todo tipo. Uma última parcela chega ao final do percurso, seja para cair num semidesemprego intelectual, seja para fornecer, além dos "intelectuais do trabalhador coletivo", os agentes da exploração (capitalistas, gerentes), os agentes da repressão (militares, policiais, políticos, administradores) e os profissionais da ideologia (padres de toda espécie, que em sua maioria são "leigos" convictos).

Cada grupo dispõe da ideologia que convém ao papel que ele deve preencher na sociedade de classe: papel de explorado (a consciência "profissional", "moral", "cívica", "nacional" e apolítica altamente "desenvolvida"), papel de agente da exploração (saber comandar e dirigir-se aos operários: as "relações humanas"), de agentes da repressão (saber comandar, fazer-se obedecer "sem discussão" ou saber manipular a demagogia da retórica dos dirigentes políticos) ou de profissionais da ideologia (saber tratar as consciências com o respeito, ou seja, o desprezo, a chantagem, a demagogia que convêm, com as ênfases na Moral, na Virtude, na "Transcendência", na Nação, no papel da França no Mundo etc.).

Certamente muitas destas Virtudes (modéstia, resignação, submissão de uma parte, cinismo, desprezo, segurança, altivez, grandeza, o falar bem, habilidade) se aprendem também nas famílias, na igreja, no Exército, nos bons livros, nos filmes e mesmo nos estádios. Porém nenhum aparelho ideológico de Estado dispõe durante tantos anos da audiência obrigatória (e, por menos que isso signifique, gratuita...), cinco a seis dias em cada sete, numa média de oito horas por dia, da totalidade das crianças da formação social capitalista.

É pela aprendizagem de alguns saberes contidos na inculcação maciça da ideologia da classe dominante que, em grande parte, são reproduzidas as relações de produção de uma formação social capitalista, ou seja, as relações entre exploradores e explorados, e entre explorados e exploradores. Os mecanismos que produzem esse resultado vital para o regime capitalista são naturalmente encobertos e dissimulados por uma ideologia da Escola universalmente aceita, que é uma das formas essenciais da ideologia burguesa dominante, uma ideologia que representa a Escola como neutra, desprovida de ideologia (uma vez que é leiga), onde os professores, respeitosos da "consciência" e da "liberdade" das crianças que lhes são confiadas (com toda confiança) pelos "pais" (que, por sua vez, são também livres, isto é, proprietários de seus filhos), conduzem-nas à liberdade, à moralidade, à responsabilidade adulta pelo seu exemplo, conhecimentos, literatura e virtudes "libertárias".

Peço desculpas aos professores que, em condições assustadoras, tentam voltar contra a ideologia, contra o sistema e contra as práticas que os aprisionam as poucas armas que podem encontrar na história e no saber que "ensinam". São uma espécie de heróis. Mas eles são raros, e muitos (a maioria) não têm nem um princípio de suspeita do "trabalho" que o sistema (que os ultrapassa e esmaga) os obriga a fazer, ou, o que é pior, põem todo seu empenho e engenhosidade em fazê-lo de acordo com a última orientação (os famosos métodos novos!). Eles questionam tão pouco que contribuem, pelo seu devotamento mesmo, para manter e alimentar esta representação ideológica da escola, que faz da Escola hoje algo tão "natural", indispensável e benfazejo a nossos contemporâneos como a Igreja era "natural", indispensável e generosa para nossos ancestrais de alguns séculos atrás.

De fato, a Igreja foi substituída pela Escola em seu papel de aparelho ideológico de Estado dominante. Ela forma com a Família um par, assim como outrora a Igreja o fazia. Podemos então afirmar que a crise, de profundidade sem precedentes, que abala por todo o mundo o sistema escolar de tantos Estados, geralmente acompanhada por uma crise (já anunciada no *Manifesto*) que sacode o sistema familiar, ganha um sentido político se considerarmos a Escola (e o par Escola-Família) como o aparelho ideológico de Estado dominante, aparelho que desempenha um papel determinante na reprodução das relações de produção de um modo de produção ameaçado em sua existência pela luta mundial de classes.

Acerca da ideologia

Quando apresentamos o conceito de aparelhos ideológicos de Estado, quando dissemos que os AIE funcionavam "através da ideologia", invocamos uma realidade acerca da qual é necessário dizer algumas palavras: a ideologia.

Sabe-se que o termo *ideologia* foi forjado por Cabanis, Destutt de Tracy e seus amigos, e que designava por objeto a teoria (genérica) das ideias. Quando, cinquenta anos mais tarde, Marx retoma o termo, ele lhe confere, desde as suas Obras da Juventude, um sentido totalmente distinto. A ideologia é, aí, um sistema de ideias, de representações que domina o espírito de um homem ou de um grupo social. A luta político-ideológica conduzida por Marx desde seus artigos na Gazeta Renana iria rapidamente levá-lo ao confronto com essa realidade e obrigá-lo a aprofundar suas primeiras intuições.

Portanto estamos diante de um paradoxo bastante surpreendente. Tudo parecia levar Marx a formular uma teoria da ideologia. De fato, *A ideologia alemã* nos oferece, depois dos Manuscritos de 1844, uma teoria explícita da ideologia, mas… ela não é marxista (nós o veremos daqui a pouco). Quanto a *O capital*, mesmo que contendo inúmeras indicações para uma teoria das ideologias (a mais visível: a ideologia dos economistas vulgares), ele não contém esta teoria em si, que depende em grande parte de uma teoria da ideologia em geral.

Desejaria arriscar-me a propor um primeiro e muito esquemático esboço. As teses que apresentarei não são certamente improvisadas, mas não podem ser sustentadas e comprovadas, isto é, confirmadas ou retificadas, a não ser através de estudos e análises aprofundadas.

A ideologia não tem história

Uma advertência antes de expor a razão de princípio que me parece fundar, ou ao menos autorizar, o projeto de uma teoria da ideologia *em geral*, e não de uma teoria das ideologias particulares, que expressam sempre, qualquer que seja sua forma (religiosa, moral, jurídica, política), *posições de classe*.

Evidentemente será necessário empreender uma teoria *das* ideologias, a partir da dupla relação que acabamos de indicar. Veremos então que uma teoria das ideologias repousa, em última análise, na história das formações sociais — e, portanto, dos modos de produção combinados nas formações sociais — e das lutas de classe que se desenvolvem nelas. Neste sentido, fica claro que não se trata de uma teoria *das* ideologias *em geral*, uma vez que *as* ideologias (definidas pela dupla relação indicada anteriormente: regional e de classe) têm uma história cuja determinação, em última instância, se encontra evidentemente fora delas, em tudo que lhes concerne.

Por outro lado, se eu posso apresentar o projeto de uma teoria *da* ideologia *em geral*, e se esta teoria é um dos elementos do qual dependem *as* teorias *das* ideologias, isto implica uma proposição aparentemente paradoxal que enunciarei nos seguintes termos: *a ideologia não tem história*.

Sabemos que esta fórmula aparece com todas as letras numa passagem de *A ideologia alemã*. Marx a enuncia a propósito da metafísica, que, segundo ele, não tem mais história do que a moral (subentenda-se: e as demais formas da ideologia).

Em *A ideologia alemã*, esta fórmula aparece num contexto nitidamente positivista. A ideologia é concebida como pura ilusão, puro sonho, ou seja, nada. Toda a sua realidade está fora dela. A ideologia é, portanto, pensada como uma construção imaginária cujo estatuto é exatamente o mesmo estatuto teórico do sonho nos autores anteriores a Freud. Para tais autores, o sonho era o resultado puramente imaginário — quer dizer, nulo — de "resíduos diurnos", apresentados numa ordem e composição arbitrárias, por vezes mesmo "invertidas", em suma "desordenadamente". Para eles, o sonho era o imaginário vazio e nulo, arbitrariamente *bricolé**, de olhos fechados, dos resíduos da única realidade plena e positiva, a do dia. É este exatamente o estatuto da filosofia e da ideologia (uma vez que a filosofia é a ideologia por excelência) em *A ideologia alemã*.

A ideologia é então, para Marx, um *bricolage* imaginário, puro sonho, vazio e vão, constituído pelos "resíduos diurnos" da única realidade plena e positiva, a da história concreta dos indivíduos concretos, matérias, produzindo materialmente sua existência. É neste sentido que, em *A ideologia alemã*, a ideologia não tem história, uma vez que sua história está fora dela, lá onde está a única história, a dos indivíduos concretos... Em *A ideologia alemã*, a tese de que a ideologia não tem história é, portanto, uma tese puramente negativa que significa ao mesmo tempo que

1) a ideologia não é nada mais do que puro sonho (fabricada não se sabe por que poder a não ser pela alienação da divisão do trabalho, porém esta determinação também é uma determinação *negativa*).

---

* O verbo *bricoler* não tem tradução direta para o português, significando a maneira pragmática pela qual, a partir da junção de pedaços de coisas diferentes, pode-se construir outras coisas. A bricolagem indica a ação de construção sem um projeto estabelecido e indica também que não se conta com os elementos adequados à ação. [N.T.]

2) a ideologia não tem história, o que não quer dizer que ela não tenha uma história (pelo contrário, uma vez que ela não é mais do que o pálido reflexo vazio invertido da história real), e, sim, que ela não tinha uma história *sua*.

A tese que gostaria de defender, retomando formalmente os termos de *A ideologia alemã* ("a ideologia não tem história"), é radicalmente diferente da tese positivista historicista lá presente.

Porque, por um lado, acredito poder sustentar que *as ideologias têm uma história sua* (embora ela seja, em última instância, determinada pela luta de classes); e, por outro lado, acredito poder sustentar, ao mesmo tempo, que *a ideologia em geral não tem história*, não em um sentido negativo (o de que sua história está fora dela), mas num sentido totalmente positivo.

Este sentido é positivo se consideramos que a ideologia tem uma estrutura e um funcionamento tais que fazem dela uma realidade não histórica, isto é, omni-histórica, no sentido em que essa estrutura e esse funcionamento se apresentam na mesma forma imutável em toda história, no sentido em que o *Manifesto* define a história como história da luta de classes, ou seja, história das sociedades de classe.

Eu diria, fornecendo uma referência teórica que retoma o exemplo do sonho, desta vez na concepção freudiana, que nossa proposição "a ideologia não tem história" pode e deve (e de uma forma que nada tem de arbitrária, mas que é, pelo contrário, teoricamente necessária, pois há um vínculo orgânico entre as duas proposições) ser diretamente relacionada à proposição de Freud de que *o inconsciente é eterno*, isto é, não tem história.

Se eterno significa não a transcendência a toda história (temporal), mas omnipresença, trans-história e, portanto, imutabilidade em sua forma em toda extensão da história, eu retomarei palavra por palavra da expressão de Freud e direi: *a ideologia é eterna*, como o inconsciente. E acrescentarei que esta aproximação me parece teoricamente justificada pelo fato de que a eternidade do inconsciente não deixa de ter relação com a eternidade da ideologia em geral.

Eis por que me considero autorizado, ao menos presuntivamente, a propor uma teoria da ideologia em geral, no mesmo sentido em que Freud apresentou uma teoria do inconsciente em geral.

Levando em conta o que foi dito das ideologias, para simplificar a expressão, designaremos a ideologia em geral pelo termo ideologia propriamente dita, que, conforme o dissemos, não tem história, ou, o que dá no mesmo, é eterna, onipresente, sob sua forma imutável, em toda a história (isto é, a história das formações sociais de classe). Limito-me provisoriamente às "sociedades de classes" e à sua história.

A ideologia é uma "representação" da relação imaginária dos indivíduos com suas condições reais de existência

Para abordar a tese central sobre a estrutura e o funcionamento da ideologia, apresentarei inicialmente duas teses, sendo uma negativa e a outra positiva. A primeira trata do objeto que é "representado" sob a forma imaginária da ideologia, e a segunda, da materialidade da ideologia.

Tese I: A ideologia representa a relação imaginária dos indivíduos com suas condições reais de existência.

Diz-se comumente que a ideologia religiosa, a ideologia moral, a ideologia jurídica, a ideologia política etc. são "concepções de mundo". Contrapomos, a menos que se viva uma dessas ideologias como a verdade (se, por exemplo, se "crê" em Deus, no Dever, na Justiça etc.), que estas "concepções de mundo" — esta ideologia de que estamos falando —, a partir de um ponto de vista crítico, de um exame semelhante ao do etnólogo acerca dos mitos de uma "sociedade primitiva", são, em grande parte, imaginárias, ou seja, não "correspondem à realidade".

Portanto, admitindo que elas não correspondam à realidade e que então constituam uma ilusão, admitimos que elas se refiram à realidade e que basta "interpretá-las" para encontrar, sob a sua representação imaginária do mundo, a realidade mesma desse mundo (ideologia = ilusão/alusão).

Existem diferentes tipos de interpretação. As mais conhecidas são a *mecanicista*, corrente no século XVIII, de acordo com a qual Deus é a representação imaginária do Rei real; e a "*hermenêutica*", inaugurada pelos primeiros padres da Igreja e retomada por Feuerbach e pela escola teológico-filosófica originada nele, por exemplo, o teólogo Barth etc. (para Feuerbach, por exemplo, Deus é a essência do Homem real). Chego ao essencial afirmando que, interpretando a transposição (e inversão) imaginária da ideologia, concluímos que nas ideologias "os homens representam-se, sob uma forma imaginária, suas condições de existência reais".

Infelizmente esta interpretação deixa em suspenso um pequeno problema: por que os homens "necessitam" dessa transposição imaginária de suas condições reais de existência, para "representar-se" suas condições de existência reais?

A primeira resposta (a do século XVIII) propõe uma solução simples: por culpa dos padres ou dos déspotas. Eles "forjaram" Belas Mentiras para que, pensando obedecer a Deus, os homens obedecessem de fato aos padres ou aos déspotas, que na maioria das vezes aliavam-se em sua impostura: os padres a serviço dos déspotas ou vice-versa, segundo as posições políticas dos "teóricos" em questão. Há, portanto, uma causa para a transposição imaginária das condições de existência reais; essa causa é a existência de um pequeno grupo de homens cínicos que assentam sua dominação e sua exploração do "povo" sobre uma representação falseada do mundo, imaginada por eles para subjugar os espíritos pela dominação de sua imaginação.

A segunda resposta (a de Feuerbach, retomada palavra por palavra por Marx em suas Obras da Juventude) é mais "profunda", e igualmente falsa. Ela busca e encontra uma causa para a transposição e deformação imaginária das condições de existência reais dos homens, para a alienação no imaginário da representação das condições de existência dos homens. Esta causa não é nem mais os padres ou os déspotas, nem a sua própria imaginação ativa ou a imaginação passiva de suas vítimas. Esta causa é a alienação material que reina nas condições mesmas de existência dos homens. É desta maneira que Marx defende, em *A questão judaica* e em outras obras, a ideia feuerbachiana de que os homens se fazem uma representação (= imaginária) de suas condições de existência porque estas condições de existência são em si alienadas (nos *Manuscritos de 1844*: porque estas condições são dominadas pela essência da sociedade alienada: o "trabalho alienado").

Todas estas interpretações tomam ao pé da letra a tese que supõem e sobre a qual repousam, ou seja, a tese de que o que é refletido na representação imaginária do mundo, o que se encontra na ideologia são as condições de existência dos homens, de seu mundo real.

Retomo aqui uma tese já apresentada: não são as suas condições reais de existência, seu mundo real que os "homens" "se representam" na ideologia; o que é nelas representado é, antes de mais nada, a sua relação com as suas condições reais de existência. É esta relação que está no centro de toda representação ideológica e, portanto, imaginária do mundo real. É nesta relação que está a "causa" que deve dar conta da deformação imaginária da representação ideológica do mundo real. Ou melhor, deixando de lado a linguagem da causa, é preciso adiantar a tese de que é a *natureza imaginária desta relação* que sustenta toda a deformação imaginária observável em toda ideologia (se não a vivemos em sua verdade).

Em linguagem marxista, se é verdade que a representação das condições de existência reais dos indivíduos que ocupam postos de agentes da produção, da exploração, da repressão, da ideologização e da prática científica remete, em última instância, às relações de produção e às relações derivadas das relações de produção, podemos dizer que: toda ideologia representa, em sua deformação necessariamente imaginária, não as relações de produção existentes (e as outras relações delas derivadas), mas sobretudo a relação (imaginária) dos indivíduos com as relações de produção e demais relações daí derivadas. Então, é representado na ideologia não o sistema das relações reais que governam a existência dos homens, mas a relação imaginária desses indivíduos com as relações reais sob as quais eles vivem.

Sendo assim, a questão da "causa" da deformação imaginária das relações reais na ideologia desaparece, e deve ser substituída por outra questão: por que a representação dos indivíduos de sua relação (individual) com as relações sociais que governam suas condições de existência e sua vida coletiva e individual é necessariamente imaginária? E qual a natureza deste imaginário? Colocada desta maneira, a questão esvazia a resposta pela clique[14] de um grupo de indivíduos (padres ou déspotas) autores da grande mistificação ideológica, bem como a do caráter alienado do mundo real. Veremos por que no prosseguimento de nossa exposição. Por ora, não iremos mais longe.

Tese II: A ideologia tem uma existência material.

Já esboçamos esta tese ao dizer que as "ideias" ou "representações" etc., que em conjunto compõem a ideologia, não têm uma existência ideal, espiritual, mas, sim, material. Chegamos até a sugerir que a existência imaginária, ideal, espiritual das "ideias" provém exclusivamente de uma ideologia da "ideia", da ideologia e, deixe-nos acrescentar, de uma ideologia do que parece ter "fundado" esta concepção desde o nascimento das ciências,

---

14 Emprego propositalmente este termo bastante moderno. Pois, mesmo nos meios comunistas, a "explicação" de tal desvio político (oportunismo de direita ou de esquerda) pela ação de uma "clique" é, infelizmente, frequente.

a saber, o que os cientistas se representam como "ideias", verdadeiras ou falsas, em sua ideologia espontânea. Certamente, apresentada sob a forma de uma afirmação, esta tese não está demonstrada. Pedimos simplesmente que, em nome do materialismo, lhe seja dado um julgamento favorável. Longos desenvolvimentos seriam necessários para a sua demonstração.

Esta tese presuntiva da existência não espiritual mas material das "ideias" ou outras "representações" é necessária para prosseguirmos a nossa análise da natureza da ideologia. Ou, melhor, ela simplesmente nos é útil por possibilitar que apareça, de forma mais clara, o que qualquer análise um pouco séria de uma ideologia qualquer mostra imediatamente, empiricamente a todo observador, mesmo que pouco crítico.

Ao falarmos dos aparelhos ideológicos de Estado e de suas práticas, dissemos que cada um deles era a realização de uma ideologia (a unidade destas diferentes ideologias regionais — religiosa, moral, jurídica, política, estética etc. — sendo assegurada por sua subordinação à ideologia dominante). Retomamos esta tese: uma ideologia existe sempre em um aparelho e em sua prática ou práticas. Esta existência é material.

Certamente a existência material da ideologia em um aparelho e suas práticas não é a mesma da de um paralelepípedo ou de um fuzil. Porém, sem que nos tomem por neoaristotélicos (lembramos que Marx tinha uma alta estima por Aristóteles), diremos que "a matéria se expressa de inúmeras maneiras", ou melhor, que ela existe de diferentes formas, todas enraizadas, em última instância, na matéria "física".

Dito isto, vejamos o que se passa com os indivíduos que vivem na ideologia, isto é, numa representação do mundo determinada (religiosa, moral etc.) cuja deformação imaginária depende de sua relação imaginária com suas condições de existência, ou seja, em última instância, das relações de produção e de classe (ideologia = relação imaginária com as relações reais). Diremos que esta relação imaginária é em si mesma dotada de uma existência material.

Constatamos o seguinte:

Um indivíduo crê em Deus, ou no Dever, ou na Justiça etc. Esta crença provém (para todo mundo, isto é, para todos que vivem na representação ideológica da ideologia, que reduz a ideologia, por definição, às ideias dotadas de existência espiritual) das ideias do dito indivíduo enquanto sujeito possuidor de uma consciência na qual estão as ideias de sua crença. A partir disso, isto é, a partir do dispositivo "conceitual" perfeitamente ideológico assim estabelecido (um sujeito dotado de uma consciência onde livremente ele formula as ideias em que crê), o comportamento material do dito indivíduo decorre naturalmente.

O indivíduo em questão se conduz de tal ou qual maneira, adota tal ou qual comportamento prático, e, além disso, participa de certas práticas regulamentadas que são as do aparelho ideológico do qual "dependem" as ideias que ele livremente escolheu com plena consciência, enquanto sujeito. Se ele crê em Deus, ele vai à igreja assistir à missa, ele se ajoelha, reza, se confessa, faz penitência (outrora ela era material no sentido corrente do termo) e naturalmente se arrepende, e continua etc. Se ele crê no Dever, ele terá comportamentos correspondentes, inscritos nas práticas rituais, "segundo os bons costumes". Se ele crê na Justiça, ele se submeterá sem discussão às regras do Direito e poderá mesmo protestar quando elas forem violadas, assinar petições, tomar parte em uma manifestação etc.

Em todo esse esquema, constatamos, portanto, que a representação ideológica da ideologia é, ela mesma, forçada a reconhecer que todo "sujeito" dotado de uma "consciência" e crendo nas "ideias" que sua "consciência" lhe inspira, aceitando-as livremente, deve "agir segundo suas ideias", imprimindo nos atos de sua prática material as suas próprias ideias enquanto sujeito livre. Se ele não o faz, "algo vai mal".

Na verdade, se ele não faz o que, em função de suas crenças, deveria fazer, é porque faz algo diferente, o que, sempre em função do mesmo esquema idealista, deixa perceber que ele tem em mente ideias diferentes das que proclama, e que ele age segundo outras ideias, seja como um homem "inconsequente" ("ninguém é voluntariamente mau"), ou cínico, ou perverso.

Em todos os casos, a ideologia da ideologia reconhece, apesar de sua deformação imaginária, que as "ideias" de um sujeito humano existem em seus atos, ou devem existir em seus atos, e, se isto não ocorre, ela lhe confere ideias correspondentes aos atos (mesmo perversos) que ele realiza. Esta ideologia fala de atos: nós falaremos de atos inscritos em práticas. E observaremos que estas práticas são reguladas por *rituais* nos quais tais práticas se inscrevem, no seio da existência material de um aparelho ideológico, mesmo que numa pequena parte deste aparelho: uma pequena massa numa pequena igreja, um enterro, um pequeno jogo num clube esportivo, um dia de aulas numa escola, uma reunião ou um *meeting* de um partido político etc.

Aliás, devemos à "dialética" defensiva de Pascal a maravilhosa fórmula que nos permitirá subverter a ordem do esquema conceitual da ideologia. Pascal diz, aproximadamente: "Ajoelhai-vos, orai e acreditareis." Ele, portanto, subverte escandalosamente a ordem das coisas, trazendo, como Cristo, não a paz, mas a divisão, e, além disso, o que é muito pouco cristão (infeliz aquele por quem o escândalo vem ao mundo!), o próprio escândalo. Feliz escândalo que o fez, pelo desafio jansenista, falar a linguagem da realidade em pessoa.

Deixemos Pascal com seus argumentos da luta ideológica no seio do aparelho ideológico de Estado religioso de seu tempo. E, se possível, empregaremos uma linguagem mais diretamente marxista, pois avançamos em domínios ainda mal explorados.

Diremos, portanto, considerando um sujeito (tal indivíduo), que a existência das ideias de sua crença é material, pois suas ideias são seus atos materiais inseridos em práticas materiais, reguladas por rituais materiais, eles mesmos definidos, por sua vez, pelo aparelho ideológico material de onde provêm as ideias do dito sujeito. Naturalmente, os quatro adjetivos "materiais" referem-se a diferentes modalidades: a materialidade de um deslocamento para a missa, de uma genuflexão, de um sinal da cruz ou de um *mea culpa*, de uma frase, de uma oração, de uma contrição, de uma penitência, de um olhar, de um aperto de mão, de um discurso verbal interno (a consciência) ou de um discurso verbal externo não é uma mesma e única materialidade. Deixamos em suspenso a teoria da diferença das modalidades da materialidade.

Resta que, nessa apresentação invertida das coisas, não nos deparamos exatamente com uma "inversão", uma vez que constatamos que certas noções pura e simplesmente desapareceram em nossa apresentação, enquanto outras permanecem e novos termos aparecem.

Desaparece: o termo *ideias.*

Permanecem: os termos *sujeito, consciência, crença, atos.*

Aparecem: os termos *práticas, rituais, aparelho ideológico.*

Não se trata, portanto, de uma inversão, mas de um remanejamento bastante estranho, dado o resultado que obtemos.

As ideias desaparecem enquanto tais (enquanto dotadas de uma existência ideal, espiritual), na medida mesma em que se evidenciava que sua existência estava inscrita nos atos das práticas reguladas por rituais definidos, em última instância, por um aparelho ideológico. O sujeito, portanto, atua como agente do seguinte sistema (enunciado em sua ordem de determinação real): a ideologia existente em um aparelho ideológico material, que prescreve práticas materiais reguladas por um ritual material, práticas estas que existem nos atos materiais de um sujeito, que age conscientemente segundo sua crença.

Nesta formulação conservamos as seguintes noções: sujeito, consciência, crença, atos. Desta sequência extrairemos o termo central decisivo, do qual depende todos os demais: a noção de *sujeito.*

E enunciamos duas teses simultâneas:

1) só há prática através de e sob uma ideologia;
2) só há ideologia pelo sujeito e para o sujeito.

Podemos agora abordar a nossa tese central.

A ideologia interpela os indivíduos enquanto sujeitos

Esta tese vem simplesmente explicitar a nossa última formulação: só há ideologia pelo sujeito e para os sujeitos. Ou seja, a ideologia existe para sujeitos concretos, e esta destinação da ideologia só é possível pelo sujeito, isto é, pela *categoria de sujeito* e de seu funcionamento.

Queremos dizer com isso, mesmo que esta categoria (o sujeito) não apareça assim denominada, que, com o surgimento da ideologia burguesa e, sobretudo, com o da ideologia jurídica,[15] a categoria de sujeito (que pode aparecer sob outras denominações, como, em Platão, por exemplo: a alma, Deus etc.) é a categoria constitutiva de toda ideologia, seja qual for a determinação (regional ou de classe) e seja qual for o momento histórico — uma vez que a ideologia não tem história.

Dizemos: a categoria de sujeito é constitutiva de toda ideologia, mas, ao mesmo tempo, e imediatamente, acrescentamos *que a categoria de sujeito não é constitutiva de toda ideologia, uma vez que toda ideologia tem por função (é o que a define) "constituir" indivíduos concretos em sujeitos.* É neste jogo de dupla constituição que se localiza o funcionamento de toda ideologia, não sendo a ideologia mais do que o seu funcionamento nas formas materiais de existência deste mesmo funcionamento.

Para compreender o que daí decorre, é preciso estar alerta para o fato de que tanto aquele que escreve estas linhas como o leitor que as lê são sujeitos, e, portanto, sujeitos ideológicos (formulação tautológica), ou seja, o autor e o leitor destas linhas vivem "espontaneamente" ou "naturalmente" na ideologia, no

---

15 Que faz da categoria jurídica de "sujeito de direito" uma noção ideológica: o homem é naturalmente um sujeito.

sentido em que dissemos que "o homem é por natureza um animal ideológico".

O fato de o autor, enquanto autor de um discurso que se pretende científico, estar completamente ausente, como "sujeito", de "seu" discurso científico (uma vez que todo discurso científico é por definição um discurso sem sujeito, só existe um "Sujeito da ciência" numa ideologia da ciência) é um outro problema que, por ora, deixaremos de lado.

Como o dizia São Paulo admiravelmente, é no "Logos", leia-se na ideologia, que apreendemos "o ser, o movimento e a vida". Segue-se que, tanto para vocês como para mim, a categoria de sujeito é uma "evidência" primeira (as evidências são sempre primeiras): está claro que vocês, como eu, são sujeitos (livres, morais etc.). Como todas as evidências, inclusive as que fazem com que uma palavra "designe uma coisa" ou "possua um significado" (portanto inclusive as evidências da "transparência" da linguagem), a evidência de que vocês e eu somos sujeitos — e até aí não há problema — é um efeito ideológico, o efeito ideológico elementar.[16] Este é, aliás, o efeito característico da ideologia de impor — sem parecer fazê-lo, uma vez que se trata de "evidências" — as evidências como evidências que não podemos deixar de *reconhecer* e diante das quais, inevitável e naturalmente, exclamamos (em voz alta, ou no "silêncio da consciência"): "É evidente! É exatamente isso! É verdade!"

É nesta reação que se exerce a função de *reconhecimento* ideológico, que é uma das duas funções da ideologia enquanto tal (sendo o *desconhecimento* a sua função inversa).

---

16 Os linguistas e todos aqueles que recorrem à linguística com diferentes fins tropeçam frequentemente em dificuldades que decorrem do desconhecimento do jogo dos efeitos ideológicos em todos os discursos, inclusive os discursos científicos.

Tomando um exemplo bastante "concreto", quando nossos amigos batem à nossa porta, quando perguntamos, atrás da porta fechada, "quem é?", eles respondem ("é evidente") "sou eu!". Com efeito, reconhecemos que "é ele" ou "é ela". Abrimos a porta, e "verdadeiramente era ele quem batia". Tomando outro exemplo, quando reconhecemos na rua alguém do nosso (re)conhecimento, demonstramos que o reconhecemos (e que reconhecemos que ele nos reconheceu) dizendo-lhe "alô, como vai?", apertando-lhe a mão (prática ritual material do reconhecimento ideológico da vida cotidiana, ao menos na França; em outros lugares, outros rituais).

Por esse preâmbulo e essas ilustrações concretas, quero assinalar que você e eu somos *sempre já* sujeitos e que, enquanto tais, praticamos continuamente os rituais do reconhecimento ideológico, que nos garantem que somos de fato sujeitos concretos, individuais, inconfundíveis e (obviamente) insubstituíveis. O que escrevo neste momento e a leitura que vocês fazem neste momento[17] estão entre os rituais de reconhecimento ideológico, inclusive a "evidência" através da qual pode se impor a vocês a "verdade" ou o "erro" de minhas reflexões.

Porém o reconhecimento de que somos sujeitos, que funcionamos nos rituais práticos da vida cotidiana mais elementar (um aperto de mão, o fato de sermos chamados por nosso nome, o fato de saber que você "tem" um nome próprio, mesmo que eu o ignore, que faz com que você seja reconhecido como sujeito único etc.), nos dá apenas a "consciência" de nossa prática incessante (eterna) do reconhecimento ideológico — a consciência dele, ou

---

17 Este duplo "neste momento" é mais uma prova da "eternidade" da ideologia, uma vez que o intervalo de tempo que os separa não é levado em conta; escrevo estas linhas em 6 de abril de 1969, vocês as lerão não importa quando.

seja, o seu *reconhecimento* —, mas não nos dá o *conhecimento* (científico) do mecanismo deste reconhecimento. É preciso chegar a este conhecimento se queremos, falando da ideologia no seio da ideologia, esboçar um discurso que tente romper com a ideologia, pretendendo ser o início de um discurso científico (sem sujeito) acerca da ideologia.

Então, para representar a razão pela qual é a categoria de sujeito constitutiva da ideologia, a qual só existe para constituir sujeitos concretos em sujeitos, utilizarei uma forma particular de exposição: "concreta" o suficiente para que possa ser reconhecida e abstrata o suficiente para que possa ser pensável e pensada, dando origem ao conhecimento.

Numa primeira formulação direi: *toda ideologia interpela os indivíduos concretos enquanto sujeitos concretos*, através do funcionamento da categoria de sujeito.

Esta formulação implica, por ora, a distinção entre os indivíduos concretos, por um lado, e sujeitos concretos, por outro, embora o sujeito concreto só exista neste nível num fundamentado indivíduo concreto.

Sugerimos então que a ideologia "age" ou "funciona" de tal forma que ela "recruta" sujeitos dentre os indivíduos (ela os recruta a todos) ou "transforma" os indivíduos em sujeitos (ela os transforma a todos) através desta operação muito precisa que chamamos *interpelação*, que pode ser entendida como o tipo mais banal de interpelação policial (ou não) cotidiana: "ei, você aí!".[18]

Supondo que a cena teórica ocorre na rua, o indivíduo interpelado se volta. Nesse simples movimento físico de 180°, ele

---

18 A interpelação, prática cotidiana, submetida a um ritual preciso, toma uma forma bastante especial na prática policial de "interpelação", quando se trata de interpelar "suspeitos".

se torna *sujeito*. Por quê? Porque ele reconheceu que a interpelação se dirigia "certamente a ele" e que "certamente era ele o interpelado" (e não outro). A experiência mostra que as práticas de interpelação em telecomunicações são tais que elas jamais deixam de atingir seu homem: seja por um apelo verbal ou um assobio, o interpelado sempre se reconhece na interpelação. Há que reconhecer que o fenômeno é estranho, não podendo ser reduzido, apesar do grande número daqueles que têm de que se arrependerem, a um "sentimento de culpa".

Naturalmente, para a comodidade e clareza de exposição do nosso pequeno teatro teórico, apresentamos os fatos em uma sequência, com um antes e um depois, na forma de uma sucessão temporal. Há indivíduos que passeiam. De algum lugar (geralmente de suas costas) ressoa a interpelação: "Ei, você aí!" Um indivíduo (90% das vezes o interpelado) se volta, acreditando/suspeitando/sabendo que se trata dele, reconhecendo, portanto, que "certamente é ele" quem está sendo chamado. Porém, na realidade, as coisas ocorrem sem sucessão alguma. A existência da ideologia e a interpelação dos indivíduos enquanto sujeitos são uma única e mesma coisa.

Podemos acrescentar: o que aparentemente ocorre fora da ideologia (mais exatamente na rua) ocorre, na realidade, na ideologia. Portanto o que na realidade ocorre na ideologia parece ocorrer fora dela. Por isso aqueles que estão dentro da ideologia se pensam, por definição, como fora dela: é um dos efeitos da ideologia a negação prática do caráter ideológico da ideologia, pela ideologia; a ideologia nunca diz: "eu sou ideológica." É preciso situar-se fora da ideologia, isto é, no conhecimento científico, para poder dizer: estou na ideologia (caso

APARELHOS IDEOLÓGICOS DE ESTADO

excepcional) ou estava na ideologia (caso mais geral). Sabemos bem que a acusação de estar na ideologia vale apenas para os outros e nunca para si (a não ser que se seja verdadeiramente spinozista ou marxista, o que, quanto a este aspecto, vem a dar exatamente no mesmo). O que nos faz dizer que a ideologia *não possui um exterior* (para si mesma), mas que ao mesmo tempo *ela é exterioridade* (para a ciência e para a realidade).

Spinoza explicou isto perfeitamente duzentos anos antes de Marx, que o praticou, sem explicá-lo em detalhes. Mas abandonemos esta questão, rica de consequências não apenas teóricas, mas diretamente políticas, da qual depende, por exemplo, toda a teoria da crítica e autocrítica, regra de ouro da prática da luta de classes marxista-leninista.

Portanto, a ideologia interpela os indivíduos enquanto sujeitos. Sendo a ideologia eterna, devemos agora suprimir a temporalidade em que apresentamos o funcionamento da ideologia e dizer: a ideologia sempre-já interpelou os indivíduos como sujeitos, o que quer dizer que os indivíduos foram sempre-já interpelados pela ideologia como sujeitos, o que necessariamente nos leva a uma última formulação: *os indivíduos são sempre-já sujeitos*. Os indivíduos são, portanto, "abstratos" em relação aos sujeitos que existem desde sempre. Esta formulação pode parecer um paradoxo.

Que um indivíduo seja sempre-já sujeito, antes mesmo de nascer, é, no entanto, a mais simples realidade, acessível a qualquer um, sem nenhum paradoxo. Que os indivíduos sejam sempre "abstratos" em relação aos sujeitos que são desde sempre, Freud já o demonstrou, assinalando simplesmente o ritual ideológico que envolve a espera de um "nascimento", este "feliz acontecimento". Todos sabemos como e quanto é esperada a criança ao nascer. Deixando de lado os "sentimentos", prosaicamente, isto quer dizer que as formas de ideologia familiar/ paternal/maternal/conjugal/fraternal, que constituem a espera do nascimento da criança, lhe conferem antecipadamente uma série de características: ela terá o nome do pai, terá portanto uma identidade, e será insubstituível. Antes de nascer, a criança é, portanto, sujeito, determinada a sê-lo através de e na configuração ideológica familiar específica na qual ela é "esperada" após ter sido concebida. Inútil dizer que esta configuração ideológica familiar é, em sua unicidade, fortemente estruturada e que é nesta estrutura implacável, mais ou menos "patológica" (supondo-se que este termo tenha um sentido determinável), que o já-presente futuro-sujeito "encontrará" o "seu" lugar, quer dizer, "tornando-se" o sujeito sexual (menino ou menina) que ele já é.

Compreende-se que esta pressão e predeterminação ideológica e todos os rituais do crescimento e da educação familiar têm alguma relação com as "etapas pré-genitais e genitais da sexualidade", tal como estudadas por Freud, na "apreensão" do que ele designou, por seus efeitos, como o inconsciente. Mas deixemos também este ponto.

Prossigamos. Deter-nos-emos agora na maneira pela qual os "atores" desta encenação da interpelação e seus respectivos papéis estão refletidos na própria estrutura de toda ideologia.

Um exemplo: a ideologia religiosa cristã

Sendo a estrutura formal de toda ideologia sempre idêntica, nos contentaremos em analisar apenas um exemplo, acessível a todos, o da ideologia religiosa; esta mesma demonstração pode ser reproduzida para a ideologia moral, jurídica, política, estética etc.

Consideremos, portanto, a ideologia religiosa cristã. Utilizaremos uma figura de retórica e a "faremos falar", isto é, recolheremos num discurso fictício o que ela "diz" não apenas em seus dois Testamentos, através de seus teólogos, em seus Sermões, mas em suas práticas, seus rituais, suas cerimônias e seus sacramentos. A ideologia cristã diz aproximadamente o seguinte.

Ela diz: Dirijo-me a ti, indivíduo humano chamado Pedro (todo indivíduo é chamado por seu nome, no sentido passivo, não é nunca ele que se dá um nome), para dizer que Deus existe e que tu deves Lhe prestar contas. Ela acrescenta: É Deus quem se dirige a ti pela minha voz (tendo a Escritura recolhido a Palavra de Deus, a Tradição a transmitido, a Infalibilidade Pontifícia a fixado para sempre quanto às questões "delicadas"). Ela diz: Eis quem tu és; tu és Pedro! Eis a tua origem, tu foste criado pelo Deus de toda eternidade, embora tenha nascido em 1920 depois de Cristo! Eis o teu lugar no mundo! Eis o que tu deves fazer! Se o fizeres, observando o "mandamento do amor", tu serás salvo, tu Pedro, e farás parte do Glorioso Corpo do Cristo! etc.

Eis aí um discurso bastante conhecido e banal, mas, ao mesmo tempo, profundamente surpreendente.

Surpreendente se considerarmos que a ideologia religiosa se dirige aos indivíduos[19] para "transformá-los em sujeitos", interpelando o indivíduo Pedro para fazer dele um sujeito, livre para obedecer ou desobedecer a este apelo, ou seja, às ordens de Deus; se ela os chama por seu nome, reconhecendo desta forma que eles são chamados sempre-já enquanto sujeitos possuidores de uma identidade pessoal (a ponto de o Cristo de Pascal dizer: "É por ti que derramei esta gota de meu sangue"); se ela os interpela de tal modo que o sujeito responde "sim, sou eu!"; se ela obtém o reconhecimento de que o espaço por eles ocupado lhes foi por ela designado como seu no mundo como uma residência fixa: "é verdade, eu aqui estou, operário, patrão, soldado!" neste vale de lágrimas; se ela obtém o reconhecimento de um destino (a vida ou a danação eternas) que depende do respeito ou do desprezo com que serão observados os "mandamentos divinos", a Lei tornada Amor; se tudo isso ocorre (nas conhecidas práticas dos rituais do batismo, da crisma, da comunhão, da confissão e da extrema-unção etc.), devemos observar que todo este "procedimento", gerador de sujeitos religiosos cristãos, é dominado por um estranho fenômeno: só existe uma tamanha multidão de sujeitos religiosos possíveis sob a condição absoluta da existência de um *Outro Sujeito* único, Absoluto, ou seja, Deus.

Designaremos este novo e singular Sujeito como *Sujeito* com maiúscula para distingui-lo dos demais, sem maiúscula.

A interpelação dos indivíduos como sujeitos supõe a "existência" de um Outro Sujeito, único e central, em Nome do qual

---

19 Embora saibamos que o indivíduo é sempre e antecipadamente sujeito, continuamos a empregar este termo, pelo efeito de contraste que produz.

a ideologia religiosa interpela todos os indivíduos como sujeitos. Tudo isto está claramente escrito no que justamente se chama a "Escritura": "Naquele tempo, o Senhor Deus (Jeová) falou a Moisés das nuvens. E o Senhor chamou Moisés: 'Moisés!' 'Sou (certamente) eu!', disse Moisés, 'eu sou Moisés teu servo, fale e eu escutarei!' E o Senhor falou a Moisés, e lhe disse: *Eu sou Aquele que é.*"[20]

Deus define a si mesmo, portanto, como o Sujeito por excelência, Aquele que é por Si e para Si ("Eu sou Aquele que é"), e Aquele que chama Seu sujeito, o indivíduo que, pelo chamado Dele, está a Ele submetido, o indivíduo chamado Moisés. E Moisés, interpelado — chamado por seu nome, tendo reconhecido que "tratava-se certamente dele", se reconhece como sujeito, sujeito de Deus, sujeito submetido a Deus, *sujeito pelo Sujeito e submetido ao Sujeito.* A prova: ele Lhe obedece e faz com que seu povo obedeça às ordens de Deus.

Deus é, portanto, Sujeito, e Moisés e os inúmeros sujeitos do povo de Deus, Seus interlocutores-interpelados: Seu espelho, Seus reflexos. Os homens não foram criados *à imagem* de Deus? Como toda reflexão teológica o prova, embora Ele pudesse perfeitamente prescindir deles, Deus precisa dos homens, o Sujeito precisa dos sujeitos, assim como os homens precisam de Deus, os sujeitos precisam do Sujeito. Ou melhor: Deus precisa dos homens, o Sujeito dos sujeitos, mesmo na temível inversão de sua imagem neles (quando estes se deixam levar pelos excessos, quer dizer, pelo pecado).

Ou melhor: Deus se duplica a si mesmo e envia seu Filho à terra, como simples sujeito "abandonado" a si mesmo (o longo

---

20 Cito não ao pé da letra, mas de forma resumida.

lamento do Jardim das Oliveiras, que termina na Cruz), sujeito mas Sujeito, homem mas Deus, para realizar aquilo através do que a Redenção final se prepara, a Ressurreição do Cristo. Deus tem, portanto, necessidade de "tornar-se" homem, o Sujeito precisa tornar-se sujeito, como para mostrar empiricamente, de forma visível aos olhos, palpável às mãos (veja-se São Tomás) dos sujeitos que, se eles são sujeitos, submetidos ao Sujeito, o são unicamente para voltar finalmente no dia do Julgamento Final ao seio do Senhor, como o Cristo, ou seja, ao seio do Sujeito.[21]

Decifremos em linguagem teórica esta admirável necessidade de desdobramento do *Sujeito em sujeitos* e do *Sujeito mesmo em sujeito-Sujeito*.

Constatamos que a estrutura de toda ideologia, ao interpelar os indivíduos enquanto sujeitos em nome de um Sujeito único e absoluto, é especular, isto é, funciona como um espelho, e duplamente especular: este desdobramento especular é constitutivo da ideologia e assegura o seu funcionamento. O que significa que toda ideologia tem um centro, lugar único ocupado pelo Sujeito Absoluto, que interpela, à sua volta, a infinidade de indivíduos como sujeitos, numa dupla relação especular que submete os sujeitos ao Sujeito, dando-lhes no Sujeito, onde qualquer sujeito pode contemplar sua própria imagem (presente e futura), a garantia de que certamente trata-se deles e Dele, e de que, se passando tudo em Família (a Santa Família: a Família é, por sua essência, Santa), "Deus aí reconhecerá os seus", ou seja, aqueles que tiverem reconhecido Deus e se tiverem reconhecido Nele serão salvos.

---

21 O dogma da Trindade é a teoria mesma do desdobramento do Sujeito (o Pai) em sujeito (o Filho) e de sua relação especular (o Espírito Santo).

APARELHOS IDEOLÓGICOS DE ESTADO

Resumamos o que vimos acerca da ideologia em geral. A estrutura especular duplicada da ideologia garante ao mesmo tempo:

1) a interpelação dos "indivíduos" como sujeitos;
2) sua submissão ao Sujeito;
3) o reconhecimento mútuo entre os sujeitos e o Sujeito, e entre os próprios sujeitos, e finalmente o reconhecimento de cada sujeito por si mesmo;[22]
4) a garantia absoluta de que tudo está bem assim, e sob a condição de que se os sujeitos reconhecerem o que são e se conduzirem de acordo tudo irá bem: "assim seja."

Resultado: envoltos neste quádruplo sistema de interpelação, de submissão ao Sujeito, de reconhecimento universal e de garantia absoluta, os sujeitos "caminham", eles "caminham por si mesmos" na imensa maioria dos casos, com exceção dos "maus sujeitos" que provocam a intervenção de um ou outro setor do aparelho (repressivo) de Estado. Mas a imensa maioria dos (bons) sujeitos caminha "por si", isto é, entregues à ideologia (cujas formas concretas se realizam nos aparelhos ideológicos de Estado). Eles se inserem nas práticas governadas pelos rituais dos AIE. Eles "reconhecem" o estado de coisas existente (das bestehende), que "as coisas são certamente assim e não de

---

22 Hegel é (à sua maneira) um admirável "teórico" da ideologia, enquanto "teórico" de Reconhecimento Universal, que infelizmente desemboca na ideologia do Saber Absoluto. Feuerbach é um surpreendente "teórico" da relação especular, que infelizmente desemboca na ideologia da Essência Humana. Para o desenvolvimento de uma teoria da garantia, é necessário retomar Spinoza.

outro modo", que é preciso obedecer a Deus, a sua consciência, ao padre, a de Gaulle, ao patrão, ao engenheiro, que é preciso "amar o próximo como a si mesmo" etc. Sua conduta concreta, material inscreve na vida a palavra admirável de sua oração: "Assim seja!"

Sim, os sujeitos "caminham por si". Todo o mistério deste efeito está contido nos dois primeiros momentos do quádruplo sistema de que falamos, ou, se o preferirmos, na ambiguidade do termo *sujeito*. Na acepção corrente do termo, *sujeito* significa 1) uma subjetividade livre: um centro de iniciativas, autor e responsável por seus atos; 2) um ser subjugado, submetido a uma autoridade superior, desprovido de liberdade, a não ser a de livremente aceitar a sua submissão. Esta última conotação nos dá o sentido desta ambiguidade, que reflete o efeito que a produz: o indivíduo *é interpelado como sujeito (livre) para que se submeta livremente às ordens do Sujeito, para que aceite (livremente) sua sujeição*, e, portanto, para que ele "realize por si mesmo" os gestos e atos de sua sujeição. *Os sujeitos se constituem pela sua sujeição*. Por isso é que "caminham por si mesmos".

"Assim seja!"... Estas palavras, que expressam o efeito a ser obtido, provam que as coisas não são "naturalmente" assim ("naturalmente": fora desta oração, fora da intervenção ideológica). Provam que *é preciso* que assim seja, para que as coisas sejam o que devem ser, e permita-nos dizer, para que a reprodução das relações de produção seja, nos processos de produção e de circulação, assegurada diariamente, na "consciência", ou seja, no comportamento dos indivíduos-sujeitos, ocupantes dos postos que a divisão social e técnica do trabalho lhes designa na produção, na exploração, na repressão, na ideologização, na prática científica etc. Neste mecanismo do reconhecimento especular do Sujeito e dos indivíduos interpelados como sujeitos, da garantia dada pelo Sujeito aos sujeitos caso estes aceitem livremente sua submissão às "ordens" do Sujeito, com o que exatamente nos defrontamos? A realidade posta em questão neste mecanismo, a que necessariamente é desconhecida pelas formas mesmas do reconhecimento (ideologia = reconhecimento/desconhecimento), é certamente, em última instância, a reprodução das relações de produção e demais relações que delas derivam.

Janeiro – abril de 1969

P.S.: Se estas teses esquemáticas possibilitam o esclarecimento de alguns aspectos do funcionamento da superestrutura e de sua forma de intervenção na infraestrutura, elas são evidentemente abstratas e deixam necessariamente em suspenso problemas importantes, acerca dos quais é necessário dizer alguma coisa:

1) O problema do *processo de conjunto* da realização da reprodução das relações de produção.

Os AIE *contribuem*, como elementos deste processo, para esta reprodução. Mas o ponto de vista de sua simples contribuição permanece abstrato.

É apenas no seio mesmo dos processos de produção e de circulação que esta reprodução é realizada. Ela é realizada pelo mecanismo deste processo, onde se "consuma" a formação dos trabalhadores, onde lhes são designados postos etc. É no mecanismo interno deste processo que se exerce o efeito das diferentes ideologias (sobretudo da ideologia jurídico-moral).

Mesmo assim, este ponto de vista ainda permanece abstrato. Pois, numa sociedade de classes, as relações de produção são relações de exploração e, portanto, relações entre classes antagônicas. A reprodução das relações de produção, objetivo último da classe dominante, não pode ser assegurada por uma simples operação técnica formando e distribuindo os indivíduos pelos diferentes postos da "divisão técnica" do trabalho. Na verdade, a não ser na ideologia da classe dominante, não existe "divisão técnica" do trabalho: toda divisão "técnica", toda organização "técnica" do trabalho constitui a forma e a máscara de uma divisão e de uma organização *sociais* (de classe) do trabalho. A reprodução das relações de produção não pode deixar de ser o empreendimento de uma classe. Ela se realiza ao longo de uma luta de classes que opõe a classe dominante à classe explorada.

O *processo de conjunto* da realização da reprodução das relações de produção permanece abstrato até que adotemos o ponto de vista desta luta de classes. O ponto de vista da reprodução é então, em última instância, o ponto de vista da luta de classes.

2) O problema da natureza de classe *das* ideologias existentes numa formação social.

O "mecanismo" *da* ideologia *em geral* é uma coisa. Vimos que ele se reduzia a alguns princípios apreendidos em algumas palavras (tão "pobres" como os que, segundo Marx, definem a produção *em geral*, ou, segundo Freud, o inconsciente *em geral*). Mesmo contendo uma verdade, este mecanismo é *abstrato* em relação a qualquer formação ideológica real.

Já expusemos a ideia de que as ideologias se *realizavam* nas instituições, em seus rituais e práticas, os AIE. Vimos que é desta

APARELHOS IDEOLÓGICOS DE ESTADO

maneira que elas concorriam para esta forma de luta de classe, vital para a classe dominante que é a reprodução das relações de produção. Mas mesmo este ponto de vista, por mais real que seja, permanece abstrato.

Com efeito, o Estado e seus aparelhos só têm sentido do ponto de vista da luta de classes, enquanto aparelho da luta de classes, mantenedor da opressão de classe e das condições da exploração e de sua reprodução. Não há luta de classes sem classes antagônicas. Quem diz luta de classe da classe dominante diz resistência, revolta e luta de classe da classe dominada.

Por isso, os AIE não são a realização da ideologia *em geral*, ou mesmo a realização sem conflitos da ideologia da classe dominante. A ideologia da classe dominante não se torna dominante por graça divina, ou pela simples tomada de poder de Estado. É pelo estabelecimento dos AIE, onde esta ideologia é realizada e se realiza, que ela se torna dominante. Ora, este estabelecimento não se dá por si só; é, ao contrário, o palco de uma dura e ininterrupta luta de classes: acima de tudo contra as antigas classes dominantes e suas posições nos antigos e novos AIE, e em seguida contra a classe explorada.

Mas este ponto de vista da luta de classe nos AIE permanece ainda abstrato. Com efeito, a luta de classes nos AIE é certamente um aspecto da luta de classes, por vezes importante e sintomático: por exemplo, a luta antirreligiosa do século XVIII ou a "crise" do AIE escolar em todos os países capitalistas hoje. Mas a luta de classes nos AIE é apenas um aspecto de uma luta de classes que ultrapassa os AIE. Certamente a ideologia que uma classe no poder torna dominante em seus AIE se "realiza" nestes AIE, mas ela os ultrapassa, pois não se origina neles. Da

APARELHOS IDEOLÓGICOS DE ESTADO

mesma maneira, a ideologia que uma classe dominada consegue defender dentro de e contra tais AIE os ultrapassa, pois vem de outro lugar.

Apenas do ponto de vista das classes, isto é, da luta de classes, pode-se dar conta *das* ideologias existentes numa formação social. Não é apenas a partir daí que se pode dar conta da realização da ideologia dominante nos AIE e das formas da luta de classes das quais os AIE são a sede e o palco. Mas é sobretudo e também a partir daí que se pode compreender de onde provêm as ideologias que se realizam e se confrontam nos AIE. Porque, se é verdade que os AIE representam a *forma* pela qual a ideologia da classe dominante deve necessariamente se realizar, e a forma com a qual a ideologia da classe dominada deve necessariamente medir-se e confrontar-se, as ideologias não "nascem" dos AIE, mas das classes sociais em luta: de suas condições de existência, de suas práticas, de suas experiências de luta etc.

Abril de 1970

NOTA SOBRE OS APARELHOS IDEOLÓGICOS DE ESTADO (AIE)

Tradução de
Walter José Evangelista*

Revisão técnica de
Alaíde Inah González

I

A crítica que mais frequentemente foi dirigida contra meu ensaio de 1969/70 sobre os AIE foi a de *funcionalismo*.[1] Quiseram ver, em minhas notas teóricas, uma tentativa de recuperar, em favor do marxismo, uma interpretação que definisse os órgãos somente por suas funções imediatas, *fixando*, desse modo, a sociedade no interior de certas instituições ideológicas, encarregadas de exercer funções de submetimento, em última análise,

---

* Professor da Universidade Federal de Minas Gerais.

1 Essa atividade real produz concretamente, no trabalho e na história, a vida dos homens em sua totalidade; produz, do mesmo modo, os objetos que a filosofia acredita dar-se a si mesma, as contradições que a filosofia acredita resolver, e a própria filosofia, para conciliar, no pensamento, contradições que funcionam demasiadamente bem para não serem molestas.

uma interpretação não dialética, cuja lógica mais profunda excluísse toda possibilidade de luta de classes.

Penso, no entanto, que não leram, com suficiente atenção, as notas finais de meu ensaio, em que sublinhava o caráter *abstrato* de minha análise e punha explicitamente no centro de minha concepção a luta de classes.

Pode-se dizer, com efeito, que o específico da teoria que se pode retirar de Marx sobre a ideologia é a afirmação da *primazia da luta de classes* sobre as funções e o funcionamento do aparelho de Estado, dos aparelhos ideológicos de Estado. Primazia esta que é, evidentemente, incompatível com qualquer forma de funcionalismo.

É evidente, à primeira vista, que não se pode conceber o sistema de *direção* ideológica da sociedade pela classe dominante, ou seja, os efeitos de consenso da ideologia dominante ("que é a ideologia da classe dominante", Marx) como um puro e simples *dado*, como um *sistema de órgãos definidos* que decorrem automaticamente da dominação violenta da própria classe, ou que foram erigidos, pela clarividência política dessa classe, com determinados fins, definidos por suas funções. A ideologia dominante não é nunca um *fato consumado da luta de classes* que escape à luta de classes.

Efetivamente, a ideologia dominante, que existe no complexo sistema dos aparelhos ideológicos de Estado, é também o resultado de uma dura e muito longa luta de classes, através da qual a burguesia (se tomamos esse exemplo) só pode conseguir seus fins sob a condição de lutar, *ao mesmo tempo*, contra a antiga ideologia dominante, que sobrevive nos antigos aparelhos, e contra a ideologia da nova classe explorada, que busca suas formas próprias de organização e de luta. E essa mesma ideologia, mediante a qual a burguesia consegue estabelecer sua hegemonia sobre a antiga aristocracia agrária e sobre a classe operária, não se estabelece unicamente por meio de uma luta *externa*, contra essas duas classes, mas também, e simultaneamente, mediante uma luta *interna*, destinada a superar as contradições das frações de classe burguesas e a realizar a unidade da burguesia como classe dominante.

É nesse sentido que se deve conceber a reprodução da ideologia dominante. Formalmente, a classe dominante deve reproduzir as condições materiais, políticas e ideológicas de sua existência (existir é reproduzir-se). No entanto, a reprodução da ideologia dominante não é a simples repetição, não é uma reprodução simples, nem sequer uma reprodução ampliada, automática, mecânica de instituições *dadas*, definidas, de uma vez por todas, por suas funções: é o combate pela unificação e renovação *de elementos ideológicos anteriores*, disparatados e contraditórios, numa unidade conquistada na e pela luta de classes, contra as formas anteriores e as novas tendências antagônicas. A luta pela reprodução da ideologia dominante é um combate inacabado que sempre é preciso retomar e que sempre está submetido à lei da luta de classes.

O fato de que esse combate pela unificação da ideologia dominante seja sempre *inacabado* e que deva sempre recomeçar se deve a múltiplos fatores. Não somente à *persistência* das formas ideológicas e dos aparelhos ideológicos de Estado da antiga classe dominante, que exercem uma terrível forma de resistência (*os costumes* a que se referia Lênin). Não somente à exigência vital de constituir a unidade da classe dominante, procedente da fusão contraditória de frações de classe diferentes (o capitalismo mercantil, o capitalismo industrial, o capital financeiro etc.), e à exigência de fazê-la reconhecer seus *interesses gerais como classe* acima das contradições dos *interesses particulares* dos capitalistas individuais. Não somente à luta de classe, que ela precisa dirigir contra as formas nascentes da *ideologia da classe dominada*. Não somente à transformação histórica do modo de produção que impõe *a adaptação* da ideologia dominante à luta de classes (a ideologia jurídica da burguesia clássica cedeu lugar, atualmente, a uma ideologia tecnocrática). Não somente se deve a tudo isso, mas também à *materialidade e à diversidade das práticas*, cuja ideologia *espontânea* se tenta unificar. Esse imenso e contraditório trabalho nunca pode dar-se por concluído e é duvidosa a possibilidade de vir a existir, algum dia, o modelo de *Estado ético*, cujo ideal utópico Gramsci havia retirado de Croce. Assim como nunca pode dar-se como acabada a luta de classes, tampouco pode dar-se por finalizado o combate da classe dominante que tenta unificar os elementos e as formas ideológicas existentes. Isso equivale a dizer que a ideologia dominante, embora seja essa a sua função, *nunca chega a resolver, totalmente, suas próprias contradições*, que são o reflexo da luta de classes.

Por tudo isso, pode-se extrair, dessa primeira tese sobre a *primazia da luta de classes sobre a ideologia dominante e os aparelhos ideológicos de Estado*, uma segunda tese, que é consequência direta da anterior: os aparelhos ideológicos de Estado são necessariamente o lugar e o marco de uma luta de classes que prolonga, nos aparelhos da ideologia dominante, a luta de classes geral que domina a formação social em seu conjunto. Se

NOTA SOBRE OS APARELHOS IDEOLÓGICOS DE ESTADO (AIE)

os aparelhos ideológicos de Estado têm a função de inculcar a ideologia dominante, isso quer dizer que existe *resistência*; se há resistência, é porque há luta; e essa luta é, em definitivo, o eco direto ou indireto, próximo ou, em geral, longínquo, da luta de classes. Os fatos de Maio de 1968 projetaram uma luz ofuscante sobre essa questão e permitiram ver uma luta até então surda e apagada. No entanto, fazendo aparecer uma luta de classes imediata, na forma de uma revolta, nos aparelhos ideológicos de Estado (em especial no aparelho escolar e, mais tarde, no aparelho médico, arquitetônico etc.), esses mesmos fatos disfarçaram levemente o fenômeno fundamental que dominava esses fatos *imediatos*, a saber: o caráter de luta de classes inerente à *constituição histórica* e à *reprodução* contraditória da ideologia dominante. Maio de 1968 foi *vivido* sem perspectiva histórica nem política, no sentido forte. Por isso me senti na obrigação de lembrar que, para compreender os fatos da luta de classes nos aparelhos ideológicos de Estado, e também para devolver a revolta a seus justos limites, era preciso situar-se *no ponto de vista da reprodução*, que é o ponto de vista da luta de classes como *processo* global, e não como a soma de enfrentamentos puntiformes ou limitados a essa ou aquela *esfera* (economia, política, ideologia); e como *processo histórico*, e não como episódios de repressão ou de revolta *imediatos*.

Lembrando essas perspectivas, parece-me verdadeiramente difícil que me possam imputar uma interpretação *funcionalista* ou *sistêmica* da superestrutura e da ideologia, interpretação que eliminaria a luta de classes a favor de uma concepção mecanicista das instâncias.

II

Outras objeções me foram feitas a propósito da natureza dos partidos políticos e, em especial, do *partido político revolucionário*: em poucas palavras, frequentemente me foi atribuída a ideia de que eu considerava cada partido político em separado como um aparelho ideológico de Estado, o que podia ter como consequência encerrar radicalmente cada partido político no *sistema* dos aparelhos ideológicos de Estado, submetê-lo à lei do *sistema* e excluir desse *sistema* a possibilidade de um partido revolucionário. Se todos os partidos são AIE e servem à ideologia dominante, um partido revolucionário reduzido a essa função é impensável.

Pois bem, eu nunca escrevi que um partido político fosse um aparelho ideológico de Estado. Cheguei inclusive a dizer (embora deva reconhecer que de modo demasiadamente breve) *algo muito diferente*, ou seja, que os partidos políticos nada mais eram que *peças* de um aparelho ideológico de Estado específico: o aparelho ideológico de Estado *político*, o qual *realiza* a ideologia política da classe dominante em seu, por exemplo, *regime constitucional* (as *leis fundamentais* durante a monarquia do Antigo Regime, o Parlamento, o regime representativo parlamentar da burguesia em seus períodos *liberais* etc.).

Temo que não se tenha compreendido bem o que eu propunha que se pensasse sob a expressão "aparelho ideológico de Estado *político*". Para que se entenda isso melhor, é preciso distinguir cuidadosamente o aparelho ideológico de Estado *político* do *aparelho de Estado* (repressivo).

NOTA SOBRE OS APARELHOS IDEOLÓGICOS DE ESTADO (AIE)

O que é que constitui o *aparelho de Estado* (repressivo), cuja unidade, mesmo quando contraditória, é infinitamente maior que a do conjunto dos aparelhos ideológicos de Estado? O aparelho de Estado compreende a presidência do Estado, o governo e a administração, instrumento do Poder Executivo, as Forças Armadas, a Polícia, a Justiça, os tribunais e seus dispositivos (prisões etc.).

No interior desse conjunto, deve-se distinguir entre o que eu chamaria o *aparelho político de Estado*, que inclui o chefe de Estado, o governo que ele dirige diretamente (segundo o regime atual na França e em numerosos países) e a administração (que executa a política do governo). O chefe de Estado representa a unidade e a vontade da classe dominante, a autoridade capaz de fazer triunfar os interesses gerais da classe dominante acima dos interesses particulares de seus membros ou de suas frações. Giscard d'Estaing pôs suas cartas na mesa muito conscientemente, anunciando que, se a esquerda ganhar as eleições de 1978, ele continuará no seu posto *para defender as liberdades dos franceses*, ou seja, as da classe burguesa. O governo (atualmente sob as ordens diretas do chefe de Estado) executa a política da classe dominante, e a administração, às ordens do governo, aplica-a em todos os seus detalhes. Observe-se, nessa distinção, que evidencia a existência do *aparelho político de Estado*, que a administração participa dele, apesar de a ideologia proclamar, na Escola do Estado burguês, que a administração *serve ao interesse geral* e desempenha o papel de *serviço público*. Aqui não se faz referência nem às intenções individuais nem às exceções: a função da administração é inseparável, em seu conjunto, da aplicação da política do governo burguês, que é uma política de classe. Encarregada de aplicá-la em seus mínimos detalhes, a alta administração desempenha um papel diretamente político, e a administração, no seu conjunto, desempenha cada vez mais o papel de *cúmplice*; não pode aplicar a política do governo burguês sem encarregar-se também de controlar sua execução pelos particulares e pelos grupos e de indicar ou entregar à repressão aqueles que não a respeitem.

Assim entendido (chefe de Estado, governo, administração), *o aparelho político de Estado* é uma parte do aparelho de Estado (repressivo) e pode ser legitimamente isolado no seio do aparelho de Estado.

Chegamos ao ponto mais conflitivo: deve-se distinguir *o aparelho político de Estado* (chefe de Estado, governo, administração) do *aparelho ideológico de Estado político*. *O* primeiro pertence ao aparelho de Estado (repressivo), enquanto o segundo pertence ao aparelho ideológico de Estado.

O que se deve entender, portanto, pela expressão aparelho ideológico de Estado *político*? *O sistema político* ou a *constituição* de uma formação social dada. Por exemplo, a burguesia francesa — embora tenha procurado outros regimes em situações de luta de classes perigosas para ela (o bonapartismo I e II, a monarquia constitucional, o fascismo de Pétain) —, como todas as burguesias contemporâneas dos países capitalistas, identificou-se, em geral, com o sistema político da *representação parlamentar*, o qual realizou a ideologia burguesa num aparelho ideológico de Estado *político*.

Esse AIE pode definir-se como um modo de representação (eleitoral) da *vontade popular*, por meio dos deputados eleitos (em sufrágio mais ou menos universal), perante os quais o governo, eleito pelo chefe de Estado ou pelo próprio Parlamento, deve responsabilizar-se por sua política. No entanto, sabemos que, na realidade — e nisso reside a vantagem desse aparelho para a burguesia —, o governo dispõe de uma quantidade impressionante de meios para eludir e contornar essa *responsabilidade*. Começando pelo princípio, além de todas as formas de pressão imagináveis, ele pode criar armadilhas para o sufrágio dito universal, e seguir assim em relação a disposições parlamentares vigentes (sistema censitário, exclusão do voto das mulheres e dos jovens, eleição em múltiplos níveis, dupla câmara com uma base eleitoral distinta, *divisão* de poderes, proibição dos partidos revolucionários etc.). Essa é a realidade dos fatos. Mas o que permite, em última instância, falar do *sistema político* como de um *aparelho ideológico de Estado* é a *ficção*, que corresponde a uma *certa* realidade, de que as peças desse sistema, assim como seu princípio de funcionamento, apoiam-se na *ideologia da liberdade* e da *igualdade* do indivíduo eleitor, na *livre escolha* dos representantes do povo pelos indivíduos que *compõem* esse povo, em função da *ideia* que cada qual faz da política que deve seguir o Estado. Foi sobre a base dessa ficção (ficção porque a política do Estado está determinada, em última instância, pelos interesses da classe dominante na luta de classes) que se criaram os *partidos políticos*, aos quais cabe expressar e representar as grandes opções divergentes (ou convergentes) da política nacional. Cada indivíduo pode, então, *livremente* expressar sua opinião, votando no partido político de sua escolha (se este não tiver sido condenado à ilegalidade).

Vejam que *pode* haver certa realidade nos partidos políticos. Em geral, *se a luta de classes está suficientemente desenvolvida,* podem representar, grosso modo, os interesses de classes e de frações de classes antagônicas na luta de classes, ou de camadas sociais que desejam ver seus interesses particulares prevalecerem no interior dos conflitos de classe. E é através dessa realidade que *pode* finalmente fazer-se visível, apesar de todos os obstáculos e todas as imposturas do sistema, o antagonismo das classes fundamentais. Digo *pode*, uma vez que sabemos de países burgueses (EUA, Grã-Bretanha, Alemanha Federal etc.) nos quais o desenvolvimento político das lutas de classe não *chega a ultrapassar o umbral da representação eleitoral*: nesse caso, os antagonismos parlamentares são apenas indicadores muito remotos, inclusive completamente deformados, dos antagonismos de classe reais. A burguesia se encontra, então, perfeitamente a salvo, protegida por um regime parlamentar que dá voltas no vazio. Por outro lado, podem dar-se casos em que a luta de classes econômica e política da classe operária adquira uma força tal que a burguesia possa temer que o *veredito do sufrágio universal* se volte contra ela (França, Itália), embora continue dispondo de consideráveis recursos para revogá-lo ou para reduzi-lo a nada. Pense-se na Câmara da Frente Popular na França: a burguesia não precisou de mais de dois anos para romper sua maioria, antes de entregá--la, voluntariamente, a Pétain.

Creio que, comparando os *princípios* do regime parlamentar com os fatos e com os resultados, ninguém poderá duvidar de seu caráter *ideológico*.

Toda a ideologia burguesa — desde a ideologia jurídica até a ideologia moral, passando pela ideologia filosófica, difundidas durante séculos — sustenta essa *evidência* dos *direitos do homem*: que cada indivíduo é livre de escolher em política suas ideias e o âmbito de sua atuação (seu partido). Sobretudo, sustenta a ideia, subjacente à anterior e que, no fundo, não passa de uma impostura, de que *uma sociedade é composta de indivíduos* (Marx: "a sociedade não é composta de indivíduos", mas de classes que se enfrentam na luta de classes); que a *vontade geral* sai das urnas do escrutínio majoritário e que é essa vontade geral, representada pelos deputados dos partidos, que faz a *política da nação* — quando, na verdade, a única coisa que faz sempre é a política de uma classe, da classe dominante.

Que uma ideologia política como tal seja uma parte da ideologia dominante, e que seja homogênea com ela, é algo demasiado evidente: essa mesma ideologia se encontra por todos os lados dentro da ideologia burguesa (a qual, é bom lembrar, está mudando nos últimos dez anos). Isso não é surpreendente se se sabe que a *matriz* dessa ideologia dominante é a *ideologia jurídica*, indispensável ao funcionamento do direito burguês. O fato de que a *encontramos por todos os lados* é que indica estarmos frente à ideologia *dominante*. E é *dessa correspondência contínua de uma* evidência *com outra* — da *evidência* da ideologia jurídica à *evidência* da ideologia moral, desta à *evidência* da ideologia filosófica, e desta à *evidência* da ideologia política de onde *toda evidência* ideológica retira sua *confirmação imediata* e se impõe, através das diferentes práticas dos AIE, a cada indivíduo. Essa ideologia dos direitos do homem, liberdade, igualdade, liberdade de escolher suas próprias ideias e seu representante, igualdade perante as urnas, acabou por engendrar, não pela força das *ideias*, mas como resultado da luta de classes, esse *aparelho* ideológico no qual a ideologia política dos direitos do homem se encarnou e se converteu, exceto para a crítica marxista, numa *evidência* aceita sem coação visível pelos eleitores ou, pelo menos, pela grande maioria dos eleitores.

É evidente que nos encontramos diante de um aparelho que supõe todo um dispositivo material e administrativo, desde que existem o censo eleitoral, a cédula de voto e a cabine individual, as campanhas eleitorais, o Parlamento que resulta de tudo isso etc. Mas nos encontramos, também, diante de um aparelho *ideológico*, já que funciona sem a violência, *só mediante a ideologia* de seus atores, os quais aceitam as suas regras e as praticam respeitando-as, convencidos da necessidade de se *cumprir o dever eleitoral* e de que isso é o *normal*. A sujeição e o consenso são uma única coisa. Essa *evidência* imposta pela ideologia burguesa é aceita como tal, como uma *evidência*, pelos eleitores: eles se consideram a si mesmos como eleitores e entram no sistema.

Se essa análise é correta, dela decorre o fato de que não se pode em absoluto afirmar, como alguns pretenderam fazer, tirando uma conclusão *apressada* que me prenderia a uma teoria que negaria toda possibilidade de ação revolucionária, que todo partido — e, portanto, também os partidos da classe operária — *é, enquanto partido, um aparelho ideológico de Estado*, integrado no sistema burguês e, por isso mesmo, incapaz de levar avante sua própria luta de classe.

Se é correto o que acabo de assinalar, pode ver-se que, pelo contrário, a existência dos partidos políticos, em vez de negar a luta de classes, baseia-se nela. E, se a burguesia tenta continuamente exercer sua hegemonia ideológica e política sobre os partidos da classe operária, isso é também uma forma de luta de classes, e a burguesia consegue esse objetivo na medida em que os partidos operários se deixam cair nessa armadilha, seja porque seus dirigentes se deixam intimidar (a sagrada união de 1914/1918), ou simplesmente porque se deixam *comprar*, seja porque a base dos partidos operários se deixa desviar de seus objetivos revolucionários em troca de vantagens materiais (a aristocracia operária), ou porque cede à influência da ideologia burguesa (o revisionismo).

III

Esses efeitos da luta de classes podem ser vistos ainda com maior clareza se observamos os partidos operários revolucionários, por exemplo, os partidos comunistas. Como estes são as organizações de luta de classe operária, são, *em princípio* (já que também eles podem cair no reformismo e no revisionismo), totalmente *alheios* aos interesses da classe burguesa e a seu sistema político. Sua ideologia (sobre cuja base recrutam seus membros) é antagônica à ideologia burguesa. Sua forma de organização (o centralismo democrático) os distingue dos partidos burgueses e inclusive dos partidos social-democratas e socialistas. Seu objetivo não é limitar sua atuação ao Parlamento, mas estender a luta de classes ao conjunto dos trabalhadores, e da economia à política e à ideologia, mediante *formas de ação* que lhes são próprias e que desde logo nada têm a ver com depositar uma cédula de voto numa urna, a cada cinco anos. Conduzir a luta de classe operária *em todos os terrenos, muito além do Parlamento*, essa é a tarefa de um partido comunista. Sua *vocação última* não é *participar do governo*, mas derrubar e destruir o poder de Estado burguês.

É preciso insistir nisso, uma vez que a maioria dos partidos comunistas ocidentais se considera atualmente *partidos de governo. Nem mesmo caso participe de um governo* (e fazê-lo pode ser correto em determinadas circunstâncias), *um partido comunista não pode, de modo algum, definir-se como partido de governo*, independentemente de estar lidando com um governo sob o domínio da classe burguesa ou com um governo sob o domínio da classe proletária (*ditadura do proletariado*).

Esta questão é fundamental. Porque um partido comunista não poderia entrar no governo de um Estado burguês (mesmo se esse governo fosse um governo de *esquerda*, unitário, decidido a pôr em prática reformas democráticas) *para gerir os assuntos de um Estado burguês*. Entraria, em todo o caso, para *dar maior amplitude* à luta de classe e preparar a queda do Estado burguês. Não poderia, tampouco, entrar num governo da ditadura do proletariado, partindo do pressuposto de que sua vocação última é *gerir os assuntos desse Estado*, enquanto o *que deveria fazer é preparar sua extinção e seu fim*. Se dedica todos os seus esforços a essa *gestão*, ou seja, se o partido se confunde praticamente com o Estado, tal como vemos nos países do Leste Europeu, não poderá contribuir para sua destruição. Assim, pois, de modo algum, pode um partido comunista comportar-se como um *partido de governo*, similar a qualquer outro, uma vez que ser um partido de governo é ser *um partido de Estado*, o que leva inevitavelmente ou a servir ao Estado burguês ou a perpetuar o Estado da ditadura do proletariado, para cuja destruição tem, pelo contrário, a missão de contribuir.

Vemos, por conseguinte, que, mesmo se reivindica seu lugar no aparelho ideológico de Estado *político*, para poder levar os

NOTA SOBRE OS APARELHOS IDEOLÓGICOS DE ESTADO (AIE)

ecos da luta de classes até o Parlamento, e mesmo se *participa* do governo, no caso de as circunstâncias serem favoráveis, para acelerar o desenvolvimento da luta de classes, um partido revolucionário não se define nem por seu lugar num Parlamento eleito, nem pela ideologia realizada no aparelho ideológico *político* burguês. Na realidade, um partido comunista tem uma *prática política* muito diferente da dos partidos burgueses.

Um partido burguês dispõe dos recursos e do apoio da burguesia instalada, de seu domínio econômico, de sua exploração, de seu aparelho de Estado, de seus aparelhos ideológicos de Estado etc. Para existir, não tem como necessidade *prioritária* unir-se às massas populares, as quais quer ganhar para suas ideias: é, em primeiro lugar, o próprio ordenamento social da burguesia que se encarrega desse trabalho de persuasão, de propaganda e de recrutamento, e o que assegura aos partidos burgueses sua *base de massas*. Do lado da burguesia, sua implantação política e ideológica é tal, e já tão bem estabelecida, e há tanto tempo, que as opções são, em períodos *normais*, quase automáticas, somente com algumas variações que afetam os partidos das diversas frações da burguesia. Basta, aos partidos burgueses, quase sempre, organizar bem sua campanha eleitoral, para o que se mobilizam, rápida e eficazmente, e recolher os frutos desse domínio convertido em convicção eleitoral. Por isso, e além disso, um partido burguês não tem necessidade de uma doutrina científica ou de nenhuma doutrina, para subsistir: basta-lhe possuir algumas ideias, extraídas do fundo comum da ideologia dominante, para ganhar partidários já convencidos de antemão, por interesse ou por medo.

APARELHOS IDEOLÓGICOS DE ESTADO

Pelo contrário, um partido operário nada tem a oferecer aos que a ele aderem: nem as sinecuras nem as vantagens materiais com que os partidos burgueses compram sua clientela, em caso de dúvida. Um partido operário se apresenta como o que é: uma organização da luta de classe operária, que dispõe, como principais forças do instinto de classe dos explorados, de uma doutrina científica e da livre vontade de seus membros, recrutados à base dos estatutos do partido. Organiza seus membros imediatamente, de modo a levar a luta de classe em todas as suas formas: econômica (em conexão com as organizações sindicais), política e ideológica. Define sua linha e suas práticas não somente sobre a base da *rebelião* dos trabalhadores explorados, mas também sobre a base das *relações* de força entre as classes, analisadas de forma concreta, graças aos princípios de sua doutrina científica, enriquecida por todas as experiências de luta de classes. Considera, pois, cuidadosamente as modalidades e a força da luta de classe da classe dominante, não somente em escala nacional, mas, também, em escala mundial. É em função dessa *linha* que pode julgar útil e *correto* entrar, em tal ou qual momento, num governo de esquerda, para realizar ali sua luta de classe, com seus objetivos próprios. Em qualquer dos casos, subordina sempre os interesses imediatos do movimento aos interesses futuros da classe operária. Submete sua tática à estratégia do comunismo, ou seja, à estratégia da sociedade sem classes. Estes são, ao menos, os *princípios*.

Nestas condições, os comunistas têm razão ao falar de seu partido como sendo um *partido de um tipo novo*, totalmente diferente dos partidos burgueses, e deles mesmos como sendo *militantes de um tipo novo*, totalmente diferentes dos políticos burgueses. Sua prática da política, legal ou ilegal, parlamentar ou *extraparlamentar*, nada tem a ver com a prática política burguesa.

Poderá dizer-se, indubitavelmente, que o partido comunista se constitui também, como todos os partidos, sobre a base de uma *ideologia*, a qual ele mesmo chama a *ideologia proletária*. Certo. Também nele a ideologia desempenha um papel de *cimento* (Gramsci) de um grupo social definido, cujo pensamento e práticas ela unifica. Também nele essa ideologia *interpela os indivíduos como sujeitos*, muito exatamente como *sujeitos-militantes*: basta ter alguma experiência concreta de um partido comunista para ver como se desenvolve esse mecanismo e essa dinâmica, que, em princípio, não marca mais o destino de um indivíduo do que o faz qualquer outra ideologia, tendo-se em conta o *jogo* e as contradições que existem entre as diferentes ideologias. Mas o que se chama de ideologia proletária não é a ideologia puramente *espontânea* do proletariado, na qual *elementos* (Lênin) proletários se combinam com elementos burgueses, estando, em geral, submetidos a estes. E isso porque, para existir como classe consciente de sua unidade e ativa em sua organização de luta, o proletariado necessita não somente da experiência (a das lutas de classes em que combate há mais de um século), mas também de *conhecimentos objetivos*, cujos fundamentos a teoria marxista lhe proporciona. Sobre a dupla base dessas experiências, iluminadas pela teoria marxista, constitui-se a ideologia proletária, ideologia de massas, capaz de unificar a vanguarda da classe operária em suas organizações de luta de classe. *Trata-se, portanto, de uma ideologia muito particular*: é ideologia, uma vez que, ao nível das massas, funciona como toda ideologia (interpelando os indivíduos como sujeitos), mas impregnada de experiências históricas, iluminadas por princípios de análise científica. Tal como se apresenta, constitui *uma das formas* da fusão do movimento operário com a teoria marxista, fusão não carente de tensões e contradições, já que entre a ideologia proletária, tal como se realiza num momento dado, e o partido em que se realiza, pode existir uma forma de unidade opaca para a própria teoria marxista, que, no entanto, está presente nessa unidade. A teoria marxista é, então, tratada como simples argumento de autoridade, isto é, como um sinal de reconhecimento ou como um dogma, e, levando as coisas ao extremo, ao mesmo tempo que se diz que ela é a teoria do partido, pode simplesmente *desaparecer*, em benefício de uma ideologia pragmática e sectária, que só serve aos interesses de partido ou de Estado. Não é preciso fazer grandes discursos para reconhecer, aqui, a situação presente, que domina nos partidos marcados pela etapa estalinista, e para concluir disso que a *ideologia proletária* é também o cenário de uma luta de classes que atinge o proletariado em seus próprios princípios de unidade e de ação, quando a ideologia dominante burguesa e a prática política burguesa penetram nas organizações da luta de classes operária.

É ideologia, claro. No entanto, a ideologia proletária não é uma ideologia qualquer. Efetivamente, cada classe se reconhece a si mesma numa ideologia particular, e não arbitrária, aquela que está *enraizada em sua prática estratégica*, que é capaz de unificá-la e orientar sua luta de classe. Sabemos que a classe feudal se reconhecia na *ideologia religiosa* do cristianismo, por razões que se deveriam analisar, e que a classe burguesa se reconhecia, igualmente, pelo menos nos tempos de seu domínio clássico, antes do recente desenvolvimento do imperialismo, na *ideologia jurídica*. A classe operária, *ainda que seja sensível a elementos de ideologia* religiosa, moral e jurídica, reconhece--se, antes de mais nada, numa *ideologia de natureza política*, não na ideologia política burguesa (domínio de classe), mas na ideologia política proletária, a da luta de classes para a supressão das classes e para a instauração do comunismo. É essa ideologia, espontânea em suas primeiras formas (o socialismo utópico), e instruída desde a fusão do movimento operário e da teoria marxista, o que constitui o *núcleo* da ideologia proletária.

Existe, frequentemente, a crença de que uma ideologia como esta resultou de um *ensinamento* dado por certos *intelectuais* (Marx e Engels) ao movimento operário, o qual a teria adotado porque se teria reconhecido nela: dever-se-ia, então, explicar como certos intelectuais burgueses puderam produzir esse milagre, o de uma teoria à medida do proletariado.

Tampouco foi, como queria Kautsky, introduzida de fora para o interior do movimento operário, uma vez que Marx e Engels não teriam podido conceber sua teoria se não a tivessem construído sobre posições teóricas de classe, efeito direto do fato de pertencerem organicamente ao movimento operário de sua época. Na realidade, a teoria marxista foi concebida por intelectuais, é claro, providos de uma vasta cultura, mas *no interior e a partir do interior do movimento operário*. Maquiavel dizia que, *para compreender os príncipes, é preciso ser povo*. Um intelectual que não nasce povo deve *fazer-se povo* para compreender os príncipes, e só pode conseguir isso compartilhando das lutas desse povo. Foi o que fez Marx: converteu-se em intelectual orgânico do proletariado (Gramsci) como militante de suas primeiras organizações e foi a partir das posições políticas e teóricas do proletariado que pôde *compreender* o capital.

O falso problema da *injeção* da teoria marxista a partir do exterior converte-se, assim, no problema da *difusão, no interior do movimento operário, de uma teoria concebida no interior do movimento operário*. Naturalmente, essa *difusão* foi o resultado de uma longuíssima luta de classes, com duras vicissitudes — e que ainda continua, apesar de dramáticas cisões causadas pela luta de classes do imperialismo.

Resumindo o essencial dessa análise acerca da natureza do partido revolucionário, podemos recuperar a tese da primazia da luta de classes sobre o aparelho de Estado e sobre os aparelhos ideológicos de Estado. *Formalmente*, um partido como o comunista pode parecer um partido como os demais, quando desfruta do direito de ter representantes, por meio das eleições, no Parlamento. *Formalmente*, pode parecer, inclusive, que aceita essa *regra do jogo* e, com ela, todo o sistema ideológico que nela se realiza: o sistema ideológico político burguês. E a história do movimento operário oferece suficientes exemplos em que o partido revolucionário, *jogando com essa regra do jogo*, acabou caindo efetivamente nas armadilhas desse jogo, abandonando a luta de classe pela colaboração de classe, sob a influência da ideologia burguesa dominante. O *formal* pode, assim, fazer-se *real*, sob a influência da luta de classes.

Esse risco, sempre presente, faz-nos ter em conta a condição à qual foi submetido, para a sua constituição, o movimento operário: *o domínio da luta de classe burguesa sobre a luta de classe operária*. Teríamos uma ideia equivocada da luta de classes se acreditássemos que ela é o *resultado da rebelião da classe operária* contra a injustiça social, a desigualdade, ou, inclusive, contra a exploração capitalista, isto é, reduzindo a luta de classes à luta

NOTA SOBRE OS APARELHOS IDEOLÓGICOS DE ESTADO (AIE)

da classe operária contra certas condições de exploração *dadas*, primeiro, e à *réplica* da burguesia a essa luta, depois. Isso seria esquecer que as condições de exploração existem antes; que o processo de constituição das condições da exploração operária é a forma fundamental da luta de classe burguesa; que, portanto, a exploração já é luta de classe; e que *a luta de classe burguesa é anterior*. Toda a história da acumulação primitiva pode ser entendida como *a produção da classe operária pela classe burguesa*, num processo de luta de classe que cria as condições para a exploração capitalista.

Se essa tese está certa, demonstra claramente que a luta de classe burguesa domina, desde sua origem, a luta de classe operária, porque a luta da classe operária levou tanto tempo para tomar forma e encontrar seus modos de existência; porque a luta de classe é fundamentalmente *desigual*; porque não se efetiva com as mesmas práticas pela burguesia e pelo proletariado; e porque a burguesia impõe, nos aparelhos ideológicos de Estado, *formas* encaminhadas no sentido de *prevenir* e submeter a ação revolucionária da classe operária.

A grande reivindicação estratégica da classe operária, sua *autonomia*, expressa essa condição. Submetida ao domínio do Estado burguês e aos efeitos de intimidação e de *evidência* da ideologia dominante, a classe operária só pode conquistar sua autonomia sob a condição de libertar-se da ideologia dominante, de marcar diferenças com ela, a fim de se proporcionar formas de organização e de ação que realizem sua própria ideologia, a ideologia proletária. O específico dessa ruptura, desse distanciamento radical, é que aquelas só podem realizar-se através de uma luta de longo alcance, que deve, além disso, levar em conta as *formas* de domínio burguês e de combater a burguesia *no seio de suas próprias formas de dominação*, mas sem nunca deixar-se enganar por essas formas, que não são simples *formas* neutras, mas *aparelhos* que realizam tendencialmente a *existência* da ideologia dominante.

Tal como escrevi em minha Nota de 1970: "Se é verdade que os AIE representam a *forma* na qual a ideologia da classe dominante deve realizar-se (para ser politicamente ativa) e a forma com a qual a ideologia da classe dominada deve *necessariamente* comparar-se e defrontar-se, as ideologias não *nascem* nos AIE, mas têm sua origem nas classes sociais envolvidas na luta de classes: em suas condições de existência, em suas práticas, em suas experiências de luta etc."

As condições de existência, as práticas (produtivas e políticas) e as formas da luta de classe proletária não têm nada a ver com as condições de existência, as práticas (econômicas e políticas) e as formas da luta de classe capitalista e imperialista. De tudo isso resultam ideologias antagônicas, as quais, assim como as lutas de classe (burguesa e proletária), são *desiguais*. Isso significa que a ideologia proletária não é o diretamente oposto, a inversão, o reverso da ideologia burguesa, mas é *uma ideologia totalmente diferente*, que leva em si outros *valores*, que é *crítica e revolucionária*. Porque é, já agora, apesar de todas as vicissitudes de sua história, portadora desses valores, já agora realizados nas organizações e nas práticas de luta operária, pelo que a ideologia proletária antecipa o que serão os aparelhos ideológicos de Estado da transição socialista e adianta, pela mesma razão, a *supressão* do Estado e a *supressão* dos aparelhos ideológicos de Estado no comunismo.

Dezembro de 1976

Este livro foi composto na tipografia Minion Pro Regular, em corpo 11,5/16, e impresso em papel off-white no Sistema Cameron da Divisão Gráfica da Distribuidora Record.